W0350749

JAPANISCHE BIBLIOTHEK

ŌBA MINAKO
TANZE, SCHNECK, TANZ

Erinnerungen

Aus dem Japanischen übertragen
und mit einem Nachwort versehen von
Irmela Hijiya-Kirschnereit

Insel Verlag

Originaltitel: *Mae, mae, katatsumuri*
© 1984 Ōba Minako

In der Japanischen Bibliothek werden alle Namen in ihrer ursprünglichen japanischen Gestalt belassen. Hierbei steht in der Regel der Familienname voran, gefolgt von dem persönlichen Namen oder einem Schriftstellernamen.

Die Japanische Bibliothek im Insel Verlag wird herausgegeben von Irmela Hijiya-Kirschnereit.

Erste Auflage 1995
© Insel Verlag Frankfurt am Main und Leipzig 1995
Alle Rechte vorbehalten
Satz und Druck: Wagner GmbH, Nördlingen
Printed in Germany

TANZE, SCHNECK,
TANZ

DAS GÜRTELTUCH

Das in Goldnessel-Gelb, Schwarzbraun und Zinnoberrot eingefärbte Kimono-Gürteltuch* war schon so oft benutzt worden, daß dort, wo es immer in Falten lag, die Farbe verschlissen war.

Seit ich mich an das Tragen von Kimonos gewöhnt hatte, mochte ich dieses besonders und legte es zu jedem Obi an.

Das Gürteltuch hatte ich von Takano Kiyo bekommen. Genauer gesagt, meine Mutter hatte es von ihr bekommen.

Kurz nachdem Takano Kiyos Mann verstorben war, soll sie eines Tages plötzlich bei meiner Mutter hereingeschaut und es ihr geschenkt haben.

»Kein Wunder. Es stammt ja schließlich von Kiyo aus dem Obi-Geschäft«, so lobte meine Mutter das Goldnessel-Gelb. Die damalige Mode neigte zu harmonischen Pastelltönen, und so wirkte dieses Gürteltuch ausgesprochen kühn, ja extravagant.

»Ich hab's von meinen Eltern bekommen, als ich jung war, aber ich hab's kaum benutzt. Ich bin nicht so mutig wie du, du kannst es viel eher tragen. Und außerdem – wie schnell die Zeit vergeht! Zwanzig Jahre sind jetzt vergangen, und du hast eine Tochter, so alt wie ich damals war. Gib's ihr ruhig weiter. Es wäre doch schade, es nicht zu benutzen. Ihr beide habt so viel für mich getan, und ich habe noch nicht einmal meine Dankschuld für das

Kondolenzgeschenk zurückerstattet, aber dazu bin ich jetzt auch gar nicht in der Lage.« So soll sie geredet haben.

Als Frau Takano noch in den Kolonien lebte und sich dann die Kriegslage für Japan verschlechterte, soll sie einiges von ihrer Habe an die Familie in der Heimat vorausgeschickt haben, darunter dieses Gürteltuch. Die Kimonos und so gut wie alles andere aus dieser Sendung mußte sie nach Kriegsende verkaufen, um davon ihren Lebensunterhalt zu bestreiten.

Nach ihrer Repatriierung lebte sie im Obergeschoß eines Lagerhauses. Im Jahr nach Kriegsende glichen fast alle japanischen Großstädte Trümmerfeldern, und so war dies nicht unbedingt ungewöhnlich.

Doch die Stadt Niigata, in der wir lebten, war von den Bomben verschont geblieben, und meine Mutter, die sich daran erinnerte, wie ihre Freundin aus Kindertagen über dem renommierten Obi-Geschäft ihrer Eltern an der Hauptstraße von Niigata aufgewachsen war, fühlte sich betroffen:

»Kaum war Kiyo in die Kolonien gezogen, da ging's mit dem Geschäft des Vaters bergab«, sagte sie. »Man erzählte sich zum Beispiel, er hätte sich in eine Geisha verguckt und sich auf ihre Fersen geheftet und sei dann nie wieder aufgetaucht, aber er ist gewiß schon längst tot. Sie hatte auch einen älteren Bruder, aber auch der ist gestorben, und ihre Verwandtschaft war wohl nicht in der Lage, sie und ihren Mann zu unterstützen. Die arme Kiyo! Ich kann's nicht fassen.«

Frau Takanos Ehemann betrieb in den Kolonien offenbar mit Erfolg ein Geschäft für japanische Druckerzeugnisse. Andererseits hatte er keine höhere Schulbildung genossen, und als er in die Heimat zurückkehrte, war er schon über fünfzig. Da er nun kaum noch Familie oder Verwandte hatte, die ihm hätten helfen können, vermochte er auch keine vernünftige Arbeit mehr zu finden.

Anscheinend oblag ihm die Lageraufsicht für einen Schulbuchverlag, daher wohnten sie im Obergeschoß dieses Lagers. Wenn ich sie ab und zu besuchte, um ihnen etwas von Mutter zu bringen, ging ich jedesmal an hohen Bücherstapeln vorbei, die bis auf die Treppenstufen an die Wand gelehnt aufgeschichtet waren.

Auch meine Familie verschlug es erst hierher in den Geburtsort meiner Mutter, nachdem mein Vater seinen Beruf verloren hatte. Für mich war Niigata eine Stadt, vertraut und fremd zugleich, die ich nur mehrmals als Kind besucht hatte und die im übrigen in den Erzählungen meiner Mutter oft vorkam.

Frau Takano hielt die Küchenecke in ihrem Raum peinlich sauber und aufgeräumt. Hier sah ich zum erstenmal in meinem Leben so etwas wie eine echte Dachkammerstube, der ich bisher nur in der Literatur begegnet war. Ja, wenn es den Krieg nicht gegeben hätte, wüßte ich in der Tat viel weniger als jetzt.

Frau Takano und meine Mutter waren von der Volksschule bis zum Abschluß des Lyzeums Klassenkameradinnen gewesen, und in der Volksschule saßen sie sogar nebeneinander.

»Wir haben im Unterricht oft die Pultdeckel hochgeklappt, die Köpfe dahinter zusammengesteckt und leise miteinander geschwatzt«, erzählte Mutter.

Ach ja, in den Volksschulen hatte man früher Holzpulte mit Deckel und einem darunter befindlichen Fach. Wie es wohl heute ist?

Oft brachte ich Früchte und Gemüse der Jahreszeit oder auch besondere, weitgereiste Eßwaren auf Mutters Geheiß zu Frau Takano. Wenn ich mich recht erinnere, waren es oft Bambussprossen, Sumpfrhabarber oder Birnen.

Hinter unserem damaligen Haus lag ein Bambushain, und wir konnten uns der Bambussprossen kaum erwehren, sie wucherten überall, sogar unter unserem Haus. Manchmal war der Boden im Wohnzimmer merkwürdig hochgewölbt, und wenn man dann die Holzdielen unter den Tatamimatten abnahm, kam ein frischer Bambussproß zum Vorschein.

Für Menschen, die in der Stadt lebten, waren frisch gestochene Bambussprossen äußerst willkommen.

An den Bambussprossen und am Sumpfrhabarber haftete noch Erde, sie waren schmutzig und sperrig, so etwas trage ein junges Mädchen sicherlich nicht gern durch die Gegend, bedauerte mich Frau Takano. Wenn sie mich sah, schien sie sich an ihre Zeit im Lyzeum zu erinnern, denn sie sagte:

»Du siehst Mutsuko damals wirklich ähnlich, aber du bist nicht so hochnäsig wie sie.

Mutsuko war ein richtiger Hoher Priester. Ja, das war deine Mutter, und deshalb hab ich sie immer verehrt. Aber sie war schrecklich jähzornig, und bei dem geringsten Anlaß war sie sofort verärgert. Sie war ungeduldig, und wenn man sie auch nur etwas warten ließ, schaute sie weg und sprach nicht mehr mit einem.«

Was ein Hoher Priester war, wußte ich nicht, doch als ich später Mutter fragte, meinte sie, für Frau Takano bedeutete das jemand, der gut in der Schule sei. Aber irgendwie komisch war dieser Ausdruck aus ihrem

Munde schon, und er schien auch ironisch gemeint zu sein, so daß in uns unweigerlich ein bitteres Lächeln aufschäumte.

Als Frau Takano meine Mutter jähzornig nannte, war ich irgendwie erleichtert und nickte zustimmend. Ich hatte nämlich ständig unter ihrer Hysterie gelitten. Wenn sie wütend wurde, warf sie sofort mit Gegenständen, kreischte und heulte dazu noch wie ein kleines Kind.

Doch ich sprach von Frau Takano.

Frau Takano brachte das Gürteltuch zu meiner Mutter, und kurz darauf beging sie Selbstmord.

Am 49. Tag nach dem Tod ihres Mannes, dem buddhistischen Totengedenktag, band sie sich vor der Totengedenktafel am Hausaltar Hände und Füße zusammen und nahm Zyankali ein. Sie hatte wohl einmal davon gesprochen, daß sie bei ihrer Repatriierung für den Fall der Fälle Zyankali bekommen hatte, und das hatte sie offenbar sorgfältig aufbewahrt.

»Das Tuch war wohl als Andenken gemeint.

Bei der Beerdigung hat man ihr gar nichts angemerkt, aber als sie noch im Krankenhaus für ihren Mann sorgte, sagte sie einmal: Wenn er nicht mehr da ist, hat mein Leben keinen Sinn mehr. Sie hat ihn wirklich aufopfernd gepflegt.

Es war rührend, wie sie ihm täglich eine aufwendige Suppe gekocht und ihn zum Essen gedrängt hat!«

Kinder hatten sie nicht, aber auch ich als junges Mädchen konnte spüren, wie sehr sie aneinander hingen. Weshalb ich einmal in der Einzimmerwohnung im Obergeschoß dieses Lagerhauses bei ihnen übernachtet habe, weiß ich nicht mehr, aber jedenfalls nahmen sie mich auf und rückten unter einer Decke zusammen, stets besorgt, ob es dem anderen nicht kalt an der Schulter sei oder ob es nicht zöge. Offenbar hatten sie sonst kein Bettzeug mehr.

Sie massierte ihm die Schultern, seufzte: »Nun sind deine kräftigen Schultern meinetwegen so hager geworden«, und schmiegte ihr Gesicht an seinen Rücken.

Vielleicht war es damals, als wegen des tiefen Schnees plötzlich kein Bus mehr fuhr.

Neben den Takanos gab es sicherlich genügend Bekannte mit beachtlichem Hausstand, aber daß ich ausgerechnet bei den Takanos unterkam, muß daran gelegen haben, daß ich Frau Takano mochte.

Dieses Paar brachte es fertig, daß man sich in seiner Nähe irgendwie glücklich fühlte. Sie schienen ein Gefühl zu verbreiten, als könne jeder glücklich sein.

Zu einer Zeit, in der immer noch Hunger herrschte, konnte auch Frau Takano gewiß nicht üppig kochen, aber das fein geschnittene Gemüse und der sorgsam von den Gräten abgelöste Fisch verband sich mit einer wunderbar aromatischen Brühe. Auch würzig Gebratenes, eigens, wie sie sagte, für den Geschmack junger Leute, war für mich damals etwas ganz Besonderes.

»Du solltest Frau Takano nicht solche Umstände machen«, sagte meine Mutter zwar, aber offensichtlich freute es sie, daß ich Frau Takano mochte.

Als Frau Takano starb, sagte mein Vater zu meiner Mutter: »Von all deinen Freundinnen mochte ich sie am meisten. Ich schätze dich dafür, daß du eine solche Freundin hattest«, und ihm standen Tränen in den Augen.

Erst kurz zuvor hatte mir Frau Takano ausführlich geschildert, daß ihr Mann etwas am Magen habe. Ich mußte die Symptome genau notieren, und sie bat mich inständig: »Zeig's doch bitte deinem Vater. Vielleicht kann er uns einen Arzt in der Universitätsklinik empfehlen.«

Ich zeigte meinem Vater, der Arzt war, die Aufzeichnungen, Herr Takano wurde eingeliefert, und so kam es, daß seine Frau täglich das Krankenhaus aufsuchte. Mein Vater schüttelte nur den Kopf, also ahnte er wohl schon, wie es um ihn stand.

Man erzählte sich, daß Frau Takano seinerzeit mit ihrem zukünftigen Ehemann in die Kolonien durchgebrannt sei.

In Mutters Fotoalbum gab es zwei Fotos von ihr. Auf einem sah man sie in jugendlichem Alter im gestreiften Kimono mit hoch gebundenem Obi und einer Frisur mit locker über die Ohren gelegtem Seitenhaar. Das zweite Bild war viel später entstanden und zeigte sie in einem fremdländisch wirkenden, prächtigen Garten, gekleidet in einen Ausgehkimono, neben ihrem Mann im traditionellen Überwurf und formeller Rockhose.

Ihr festlicher Aufzug, so hatte sie zum Foto vermerkt, sei sozusagen ein Ersatz dafür, daß sie keine Hochzeitsfeier ausgerichtet hätten.

Als Frau Takano Selbstmord beging, war sie etwa vierzig. Von meinem jetzigen Lebensalter gesehen, kommt mir dies recht jung vor, doch sie sagte mir einmal:

»Mir scheint, wir haben alles erreicht, was wir uns gewünscht haben. Es kommt mir vor, als hätten wir doppelt und dreifach gelebt.«

VERGILBTE SEITEN

Anstelle des Hauses, in dem meine Mutter geboren wurde, hatte mein Onkel auf demselben Grundstück ein neues Haus errichten lassen, doch soweit ich mich erinnere, stand dort noch das alte Speicherhaus, in dem alte Zeitschriften vor sich hin verstaubten. Wenn ich als Kind meine Tante besuchte, freute ich mich jedesmal darauf, in diesen vergilbten Seiten zu blättern.

Zeitschriften wie *Neue Strömung* oder *Welt der Literatur* wurden von drei Generationen, von Großvater, meiner Tante und meiner Mutter und von mir gelesen.

Als Großvater noch sehr jung war, mußte er eine Frau heiraten, die ihm nicht gefiel, und am Tag nach der Hochzeit schloß er sich im Obergeschoß dieses Speicherhauses ein, und die arme, von ihm verschmähte Braut saß einen Monat lang untätig im Hause herum, doch da ihr Angetrauter keine Anstalten machte, seine Festung zu verlassen, kehrte sie schließlich resigniert in ihr Elternhaus zurück.

Danach soll sie ihr ganzes Leben lang alleingeblieben sein. Was immer auch dahintergesteckt haben mochte, sie traf bestimmt keine Schuld, und so kommt mir diese Geschichte unsagbar traurig vor.

Allerdings habe ich diese Geschichte erst mehr als dreißig Jahre nach dem Tod meines Großvaters erfahren. Manchmal denke ich darüber nach, was wohl hinter dem merkwürdigen Verhalten der Menschen von damals steckte, doch diese unentwirrbaren Fadenknäuel sind wie schwarze Löcher hier und da in der Erinnerung.

Mein Großvater, der die von seinen Eltern in der Absicht, ihn stärker an das Haus zu binden, arrangierte Heirat ablehnte, brach wenig später nach Tōkyō auf, und wie ein junger Mann der neuen Zeit ehelichte er dort eine Frau, die ganz dem neuen, intellektuellen Typ entsprach. Er war einigermaßen gebildet und wirkte wie ein Intellektueller; so wurde er Beamter, träumte von politischen Veränderungen und verblüffte seine Umgebung mit fortschrittlichen Ideen.

Er trank gern und neigte dazu, sich leicht zu verlieben, und ich vermute, daß er deshalb mit seiner Umgebung nicht selten in Konflikt geriet; jedenfalls hatte er genug von der Cliquenwirtschaft bestimmter ehemaliger Daimyate, und als sein erstgeborenes Kind noch klein war, starb sein Vater in der Heimat. Aus diesem Anlaß kehrte er heim und blieb dort eine Zeitlang, ohne Aufsehen zu erregen.

Es dauerte jedoch nicht lang, bis es ihm in der Provinz langweilig wurde und er wieder begann, die Teehäuser zu frequentieren oder seine Nase in angeblich moderne Unternehmungen zu stecken, doch kurz bevor er das gesamte Familienvermögen durchgebracht hatte, vermachte er das Haus seiner ältesten Tochter und zog mit Frau und den jüngeren Kindern wieder seines Wegs.

Meine Tante meinte, sie sei das Opfer ihres egoistischen Vaters geworden, jedenfalls mußte sie mit etwa siebzehn einen Mann heiraten, der quasi von der Familie adoptiert wurde.

Von Quasi-Adoption sprach man wohl deshalb, weil der Bräutigam selbst ein ältester Sohn war und Mutter und Tante auch Brüder hatten, so daß nach dem damaligen Familiensystem eine offizielle Adoptivheirat gar nicht vorgesehen war, in Wirklichkeit aber hat Großvater das Familienvermögen seiner ältesten Tochter und deren Mann vermacht.

Meine Tante stellte sich immer wieder als Opfer hin, aber ich habe durchaus den Eindruck, daß ihre Ehe nicht schlecht gewesen war.

»Eigentlich mochte ich ihn gar nicht«, pflegte meine Tante zu sagen, aber meine Mutter meinte: »Die beiden verabredeten sich dauernd irgendwo, unter den Birnbäumen oder sonstwo, so daß es schon Gerüchte gab und die Eltern sich Sorgen machten. Deshalb mußten sie heiraten.« Wer recht hatte, weiß ich nicht.

Sicher ist jedoch, daß der Mann, der mein Onkel wurde, meiner Tante sehr ergeben war. Zeit seines Lebens behandelte er sie nicht so sehr wie eine Ehefrau, sondern diente ihr wie einer Herrin.

Meine Tante soll meiner Mutter, ihrer jüngeren Schwester, erzählt haben: »Nach der Hochzeit habe ich sieben Tage und Nächte lang den Kimonogürtel nicht gelöst. In der siebten Nacht legte er das Kurzschwert vor sich hin, sagte mit ernster Miene: Wenn es nun so ist, kann man nichts machen, also laß uns gemeinsam sterben, und so gab ich nach, und wir wurden Mann und Frau.«

Die Geschichte klingt ziemlich theatralisch, aber wenn man bedenkt, daß sie bis zu ihrem Tode niemals das Geburtshaus ihres Mannes betreten und bei offiziellen Anlässen stets nur ihren Mann mit der Tochter losgeschickt hat, trifft die Sache mit den sieben Tagen und sieben Nächten vielleicht doch zu.

Wenn meine Mutter sagte: »Aber du hast doch ein Kind nach dem anderen bekommen«, antwortete sie: »Ich hab die Decke über den Kopf gezogen und an etwas anderes gedacht«, und schaute weg.

Dessen ungeachtet glaubte mein Onkel, sie sei die schönste Frau der Welt, und ließ ihr wie einer verwöhnten Königin ihren Willen. Im Hause gingen Kimonohändler aus und ein, verbrachten dort halbe Tage mit dem neuesten Klatsch und machten nebenher auch noch Geschäfte. Doch mein Onkel war's zufrieden und betrachtete mit Wohlgefallen seine hübsch gekleidete Frau und schickte sie zu ihrem Vergnügen mit der Tochter in einen Badeort. Die Tochter fungierte dabei als Anstandsdame.

»Soll er einem leidtun oder ist er zu beneiden? Er spielt eine Rolle wie die Männer in den Romanen von Tanizaki Junichirō«, sagte Mutter, aber da Vater natürlich nichts von Tanizaki gelesen hatte, mußte sie ihm erst alles umständlich erklären.

Mein Vater hatte in seinem Leben auch sonst nichts gelesen außer Tolstojs *Auferstehung* und Hugos *Les Misérables,* und die japanischen Werke, die ihm meine Mutter erläuterte, stempelte er verachtungsvoll als amoralische Lüstlingsliteratur ab.

Wie meine Mutter angedeutet hatte, las meine Tante gern Tanizaki, und sie schrieb auch selbst und reichte ihre Texte ab und zu bei einer Amateurzeitschrift ein.

Meine Mutter war eine begeisterte Anhängerin von Kitahara Hakushū und schrieb Gedichte in seinem Stil, die sie am Schluß unter ihre Liebesbriefe setzte. Sie war überzeugt, Liebesbriefe hätten mit Gedichten zu enden, und so schloß sie sie manchmal im Stil von Yoshii Isamu, dann wieder nach Art von Yosano Akiko.

In ihren letzten Jahren jedoch las sie hauptsächlich Saigyō, und das *Sankashū** lag immer auf ihrem Nachttisch.

Man kann sagen, daß meine Mutter von meiner Kindheit an meine einzige literarische Freundin war, und zumindest bis zum Abschluß meines Studiums und dem Beginn meines Auslandsaufenthalts war sie mir in ihrer literarischen Auffassungsgabe überlegen, was mich oft genug ärgerte.

In den mehr als zehn Jahren, die ich im Ausland verbrachte, stopfte sie die Zwischenräume in ihren Paketen mit literarischen Zeitschriften aus, und diese waren für mich die einzige Quelle, mich über das literarische Leben daheim auf dem Laufenden zu halten.

Daß ich mich um den Nachwuchsförderpreis der Zeitschrift *Gunzō* bewarb, ist auch nur dem Zufall zu verdanken, daß mir die Ausschreibung in einem dieser Exemplare ins Auge fiel, und als ich dann den Preis bekam, fürchtete ich, meine Mutter würde meine Werke auch jetzt noch nicht ernstnehmen.

Nachdem ich meine ersten Werke veröffentlicht hatte, lebte meine Mutter nur noch knapp ein Jahr. In dieser Zeit hat sie sich kein einziges Mal dazu geäußert, obwohl ich sicher bin, daß sie alles gelesen hat. Insgeheim wird sie wohl ziemlich streng mit mir ins Gericht gegangen sein.

Im Leben eines jeden gibt es wohl eine Phase, in der man sich bewußt von der einem seit Kindheit vertrauten menschlichen Umgebung zu entfernen bemüht, um sich eine eigene Welt aufzubauen. Dann aber kann es geschehen, daß man sich plötzlich erinnert und feststellt, daß man sich gar nicht so weit entfernt und eigentlich nicht viel anderes angestrebt hat. Die Bemühungen der Menschen kommen einem im Rückblick vor wie die eigenen, ihre Vergeblichkeit, ihr Schmerz, und man wird von tiefer Nostalgie eingeholt.

Nun endlich fange ich an zu begreifen, worum sie sich immer wieder ohne Unterlaß bemühten. Und in dem Gefühl, mit ihnen einsgeworden zu sein, beginne ich nun ohne Aussicht auf Gehör mein Gemurmel gegenüber der kommenden Generation, die im Begriff ist, sich von ihrem Ort mit aller Kraft zu entfernen, und erlebe, wie geahnt, die Trauer des Nichtgehörtwerdens.

Die Menschen, die mich in meiner Kindheit umgaben, behaupteten sich, die wortlosen wortlos und die gesprächigen auf ihre Art, sie drückten sich mit ihrem ganzen Wesen aus. Viel von den damaligen Alltagsbräuchen und Gewohnheiten mag ich vollkommen vergessen haben, doch die Gestalt der Menschen, die diesem Alltag auf ihre eigenartige Weise trotzten oder die sich ihm anpaßten, steht mir lebendig vor Augen.

So wenig ich damals bewußt wahrnahm oder mir gemerkt hätte, was sie sagten, drängt sich mir doch nun das Gefühl auf, daß ich vieles von dem, was ich mir durch eigene Anstrengungen angeeignet zu haben glaubte, den Menschen meiner Kindheit verdanke.

Und ich weiß, sie sind auch jetzt noch da und schauen mir mit wissendem Lächeln zu.

RÜBEN

Bis zur Landreform nach dem Ende des letzten Krieges stellte die Region Niigata auch für japanische Verhältnisse etwas Ungewöhnliches dar, denn hier beschäftigte eine Handvoll Großgrundbesitzer jeweils Tausende von Kleinbauern, die einen hohen Pachtzins abzuführen hatten.

So gab es Großgrundbesitzer, die allein an Reisfeldern tausend oder zweitausend Hektar besaßen, auf die fernen Berge zeigten und auch noch die Bergwälder ihr eigen nannten. Handelte es sich um Güter dieser Größenordnung, so lebte die Familie durchweg in Tōkyō, und die Verwaltung der Ländereien wurde von Untergebenen in einer komplexen Hierarchie von Oberverwalter, Verwaltern und Verwaltungsgehilfen ausgeführt.

Ursprünglich war es wohl so, daß diese Großgrundbesitzer während der Edo-Zeit in direktem Verbund mit dem Schogunat die Landerschließung betrieben und dabei gleichzeitig ihren eigenen Besitz vergrößerten. In der Reis produzierenden Provinz Echigo ließ das Schogunat nämlich kein großes Daimyat zu. Es gab nur, über die Region verstreut, mehrere kleine Daimyate, der größte Teil des Landes aber unterstand direkt der Zentralregierung, also dem Schogunat. Es wäre sicherlich interessant, einmal dem Verhältnis zwischen den Schogunatsbeamten und den Großgrundbesitzern nachzugehen.

Die Großgrundbesitzer waren jedoch nicht nur Landeigentümer, sondern zugleich auch Geschäftsleute, die den angrenzenden Daimyaten Geld liehen und die Reichtümer anhäufen konnten, ohne wie die Samurai auf Standesgrenzen Rücksicht nehmen zu müssen. Auf einem Quadratkilometer fruchtbaren Reisfeldbodens wurden damals etwa ein *koku* und zwei *to* Reis erwirtschaftet*, was drei Sack zu je vier *to* entsprach. Aus zweitausend Hektar ließen sich also 24 000 *koku* herausholen, und der Reingewinn betrug vierzig Prozent des Ernteertrags der Pachtbauern. Die Großgrundbesitzer mußten weder Burgen bauen noch teure Samurai unterhalten, und so steht zu vermuten, daß es ihnen wirtschaftlich weit besser ging als den kleineren Daimyo. Eine Hausregel einer solchen Großgrundbesitzerfamilie lautete denn auch: »Der Hausherr sollte nie Samurai werden«, was man auch so verstehen konnte, daß Samurai Werden bedeutete, nie zu Reichtum zu gelangen. Es gibt auch Aufzeichnungen darüber, daß jemand von sich aus den Samurai-Stand aufgab und ins Schogunatsgebiet überwechselte.

Daß die einstige Oberschicht der Region Niigata bis zur Meiji-Restauration dem Schwertadel angehörte, besagt also, daß sie kaum nennenswertes Vermögen besaß.

Zu einer Zeit, da ein Handwerker als Tageslohn einen Yen verdiente, gab es Großgrundbesitzer, die pro Jahr mehr als 10 000 Sack Reis an Steuereinnahmen hatten. Legt man für einen Sack einen Preis von fünfzehn Yen zugrunde, so nahmen sie für 10 000 Sack 150 000 Yen ein. Für etwa 10 000 Yen konnte man damals ein villenartiges Anwesen erwerben.

Nun hätte ein Grundbesitzer, auch wenn er tausend oder zweitausend Hektar Land besaß, daraus in dem

Agrarland, das Japan war, ohne die Pachtbauern, die es bewirtschafteten, keinen direkten Wohlstand ziehen können. Doch gerade deshalb waren die sogenannten Hungerbauern, die erbärmlich lebenden Kleinpächter, die kaum je genug zu essen hatten, an das Land gefesselt, das sie beackerten.

Die reichen Herren errichteten dafür in den Dörfern Schulen oder bewirteten bisweilen die Polizei oder das Heer bis zum letzten Regimentssoldaten. Die Herren selbst hatten derweil einen Sitz im Oberhaus inne, befanden sich auf Weltreise oder besaßen Banken oder Firmen.

In der Meiji-Zeit gründeten fast alle reichen Männer aus der Provinz Banken. So gibt die Zahlenfolge Auskunft über die Verteilung des Reichtums: In Tōkyō sitzt die Daiichi, die »Bank Nummer eins«; die »Bank Nummer vier« entstand in Niigata.

Das erbärmliche Leben der Pachtbauern entzog sich ihrem Blick, sie wurden von direkter Zeugenschaft verschont. Den vor Hunger darbenden Pächtern den Reis abzunehmen, war Aufgabe der Verwalter und ihrer Untergebenen.

Zumindest in der Taishō-Zeit konnte ein Kleinbauer mit einem Areal von etwa fünf Quadratkilometern an Reisfeldern, so viel er auch erwirtschaftete, mit seiner Familie nie weißen Reis essen. Man mischte ihn mit Gemüse und anderem Getreide, und so verdünnt zum sogenannten *katemeshi* mußte er ihren Hunger stillen.

Bedenkt man, daß pro Quadratkilometer mehr als ein Sack Reis abgeführt werden mußte, so ahnt man, wie schwer es war, davon eine fünfköpfige Familie ein Jahr lang durchzubringen. Wenn sich die Mißernten häuften, kam man wohl kaum umhin, die eigenen Töchter zu verkaufen.

In armen Bauernfamilien kochte man morgens den Reis, und bis auf den Schulproviant für die Kinder und eine kleine Menge, die man am buddhistischen Familienaltar darbrachte, gab es nie weißen, sondern immer nur *katemeshi*-Reis zu essen.

Den hartgetrockneten Opferreis vom Familienaltar kippte man später aus dem kleinen Metallgefäß, röstete ihn über dem Holzkohlenfeuer und tauchte ihn in Sojasoße. Dieser Leckerbissen, genannt *obukusama,* war Kindern und Alten vorbehalten.

Meine Mutter erzählte einmal, daß sie als Kind bei einer Freundin zum Spielen war und dort zum erstenmal in ihrem Leben *obukusama* gekostet hätte. Begeistert habe sie zu Hause davon erzählt, doch habe sie sich den lächelnden Vorwurf dafür eingehandelt, die Kinder des Hauses um diese Freude gebracht zu haben.

Während meiner Volksschulzeit, als mein Vater im Ausland arbeitete, wohnte ich eine Zeitlang bei meiner Tante im Geburtshaus meiner Mutter, und alles, was ich als Stadtkind in diesen Monaten dort sah und hörte, war für mich zutiefst erschreckend.

Nirgendwo, in keiner Form, auch nicht zum Schein, gab es so etwas wie Gleichheit unter den Menschen. Statt dessen herrschten Standesdenken, strenge Klassentrennung, ja sogar die Kinder in der Schule redeten miteinander in streng hierarchischen Formen.

Nur ein Kind in der Klasse, die Tochter des Großgrundbesitzers, wurde mit *omesama* angeredet, die anderen duzten sich per *ome* oder *nna.* Nun stammte meine Mutter zwar von hier, aber mein Vater war ein Fremder und außerdem ein Stadtmensch ohne Landbesitz, also redete man mich mit *anta* an. In der Höflichkeit dieser ironischen Diskriminierung schwang ein künstliches, unerklärliches Zögern mit.

Was war in ihren Augen wohl ein Angestellter aus der Stadt? Nicht mehr als ein heruntergekommener ehemaliger kleiner Grundbesitzer, ohne Land und damit ohne irgendwelche Verfügungsgewalt über andere, mithin jemand, der eher zur Kategorie der Pächter gehörte.

Klassensprecher waren stets die Kinder der Grundbesitzer. Der Vater unserer Klassensprecherin war Dorfvorsteher. Das gesamte Dorf mit Pächtern, Verwaltern oder Verwaltungsgehilfen war mehr oder weniger von ihm abhängig.

So erlebte ich sehr unmittelbar die Ungleichheit im menschlichen Miteinander, und in meinem kindlichen Gemüt machte ich mir darüber meine Gedanken.

In Kleidung und Ernährung der Kinder gab es riesige Unterschiede. In den dreißiger Jahren trugen alle japanischen Volksschüler in der Stadt ausnahmslos westliche Kleidung, aber hier auf dem Lande trug die Mehrheit einen ärmlichen Kimono, und nur einige wenige legten an den damals sogenannten »Vier großen Reichsfeiertagen« einen festlichen Hosenrock an.

Die meisten aber liefen barfuß oder trugen allenfalls Strohsandalen und erschienen tagaus, tagein in demselben gestreiften oder gesprenkelten Baumwollkimono. Für mich als Stadtkind war das alles sehr fremd, und anfangs fand ich es fast ein wenig idyllisch, aber nachdem ich die Lebensverhältnisse allmählich kennengelernt hatte, war die Romantik für mich wie weggeblasen, und ich empfand statt dessen die feuchte Trübsal des Daseins.

Ich besuchte die fünfte Volksschulklasse, und das ist ein Zeitpunkt, in dem man sich allmählich Gedanken über den weiteren Bildungsweg macht. Von sämtlichen Schülern wurden nur die Klassensprecherin, ich und ein, zwei andere fürs Lyzeum und die Töchter selbständiger Bauern, die im Dorf die Mittelschicht bildeten, für die Oberstufe in Betracht gezogen. Nach der sechsjährigen Grundausbildung gab es nämlich noch eine weitere, zweijährige Stufe, die nach dem heutigen System der Mittelschule entsprechen würde.

Schon in den höheren Klassen der Grundausbildung war es jedoch so, daß von den fünfzig Schülerinnen in meiner Klasse einige irgendwann wegblieben, und man sah sie dann eines Tages, wie sie, von einer Familie im Dorf zum Kinderhüten angestellt, den ganzen Tag mit einem Säugling auf dem Rücken herumliefen.

Wenn man einer dieser ehemaligen Klassenkameradinnen unterwegs zur Schule oder auf dem Heimweg begegnete, blickte sie anfangs scheu zur Seite und senkte den Kopf, doch irgendwann begann sie damit, entweder herausfordernd-aggressiv oder betont ausdruckslos und gleichgültig dreinzuschauen. Dieser Schmerz, der sich in ihrem Blick äußerte, versetzte mir jedesmal einen Stich.

Gern hätte ich mit ihr geredet, aber sie tat so, als bemerkte sie mich nicht, schimpfte launisch mit dem Säugling auf ihrem Rücken, stieß Steinchen aus dem Weg und schaute weg.

Mir schauderte vor den Worten, die sie jetzt herunterschluckte, und ich sah ein, daß das, was ich ihr hätte sagen wollen, für sie keinerlei Bedeutung besaß. Und doch, wie oft hatte ich mich mit ihr in den Schulpausen beim Ballspiel oder beim Seilchenspringen vergnügt!

Ich malte mir aus, daß die Mädchenzeitschriften und Märchenbücher, die ich von meiner Mutter bekommen hatte, sie, die sie nicht mehr zur Schule gehen durfte, vielleicht trösten könnten, und so trieb ich mich in ihrer Nähe herum und versuchte, sie neugierig aufs Lesen zu machen, doch sie lächelte nur leicht verächtlich: »Ich versteh's ja sowieso nicht.«

Dann zog sie aus dem angrenzenden Feld eine Rübe, wischte die Erde am Ärmelsaum ab, knabberte mit den Schneidezähnen geschickt die Schale ab und murmelte kauend: »Richtig süß. Das schmeckt!«

Während sie mit ihren glänzenden, hübschen Zähnen lautstark die weiße Rübe zerkaute, schaute sie auf mich herab.

Ihr wegwerfendes »Ich versteh's ja sowieso nicht«, als sie einen kurzen Blick auf das Titelbild der Mädchenzeitschrift warf, war eine Verweigerungsgeste, die mich im tiefsten Innern traf. Wie sie mich so erschlagen dastehen sah, schien in ihrem Blick ein Fünkchen Mitleid auf.

Sie bückte sich und zog auch für mich eine Rübe heraus. Ich tat es ihr nach, wischte die Erde ab und setzte die Zähne an die weiße, saftige Frucht. Und zum erstenmal kostete ich das süß duftende Aroma einer frisch aus dem Boden gezogenen Rübe.

Ich blieb nur einige Monate im Haus meiner Tante, aber diese Monate prägten sich mir tief ein.

Mehr als zehn Jahre später, in den Sommersemesterferien, erzählte mir meine Mutter vom Pächteraufstand im Dorf Kizaki, der sich gegen Ende der Taishō- bis Anfang der Shōwa-Zeit ereignet und in ganz Japan Aufsehen erregt hatte. Der damalige Anführer der Bauern, Kawase Shinzō, sei einer von Vaters Patienten gewesen. Und so entschloß ich mich eines Tages, Herrn Kawase zu besuchen und mir von ihm das Geschehen damals schildern zu lassen.

Herr Kawase dürfte damals schon etwa sechzig gewesen sein, und wortkarg schilderte dieser gescheiterte ehemalige Kämpfer seine Erinnerungen an die Zeit des Aufstands. Eine Bauernschule war eröffnet worden, und die Kinder der Pächter weigerten sich, die öffentliche Schule im Dorf zu besuchen.

Herr Kawase hatte detaillierte Aufzeichnungen über den Aufstand verfaßt; so gab es auch eine Liste der Spender, die die Bauern mit beträchtlichen Summen unterstützt hatten, darunter auch der Schriftsteller Arishima Takeo.

Die Landreform, von der Kawase und andere geträumt hatten, ohne sie in die Tat umsetzen zu können, wurde schließlich von der bewaffneten Besatzungsmacht durchgeführt. In der Inflation der Nachkriegszeit glichen die früheren Grundbesitzer, die nun ihr Land verloren hatten, der schnell sinkenden Abendsonne, untüchtig, für sich selbst zu sorgen, da sie dies generationenlang nicht nötig hatten. Eine der Jugendfreundinnen meiner Mutter, die rundum wohlbehütet in einem solchen Haus aufgewachsen waren, starb am Ende im Armenkrankenhaus.

Es gab auch einen Grundbesitzer, einen entfernten Verwandten mütterlicherseits, den seine Pächter fahnenschwingend und mit Hacken und Sicheln bewaffnet umzingelten.

Die Erscheinung dieser Grundbesitzer war mir in gewissem Sinne vertraut. So gab es einen, der schon vor dem Krieg an der Harvard-Universität studiert und lange im Ausland gelebt hatte und wie ein Ausländer aussah. Ein anderer, ein literaturbegeisterter junger Mann, verbrachte auch die Phase der sinkenden Sonne, der schwindenden Fortüne, nur mit Lesen, und wieder ein anderer landete nach zahllosen Frauengeschichten in der Nervenheilanstalt.

Diese Figuren überlagern sich mit dem Bild des Mädchens, das mir eine Rübe aus der Erde zog. Lange Zeit hatte ich das Gefühl, als säßen diese Geister mir im Nakken.

Weitere zwanzig Jahre später, nachdem ich endlich eine Möglichkeit fand, meine Literatur zu veröffentlichen, ließ ich sie in verschiedener Gestalt in Werken wie *Der Schiffsbohrwurm* und *Urashima-Kraut* wiederaufleben.

Während ich schrieb, hatte ich ein Gefühl, als schlichen sich diese Geister bei mir ein und führten mir die Feder.

LEBENDIGE GESTALTEN

»*Euer Vater hat sich* mit meiner Schwester, eurer Tante, verlobt, als sie das Lyzeum im dritten Jahr besuchte, und von diesem Tag an bis zu ihrer Heirat, nachdem sie die Schule abschloß, hat er sie tagein, tagaus, ob's regnete oder stürmte, regelmäßig besucht. Er kam immer kurz nach dem Abendessen und blieb bis zehn. Diese Zeit hatte Großmutter zur Sperrstunde bestimmt. Wann macht er eigentlich seine Hausaufgaben, wenn er jeden Abend bis zehn bleibt, sorgte sich Großvater. Ich verstehe ja, meinte er, daß er sie täglich besucht, sie sind ja schließlich verlobt, aber einem Sitzenbleiber kann ich meine Tochter nicht anvertrauen!

Ich war damals noch in der Volksschule, aber auch ich wunderte mich schon: Jetzt kommt er ja schon wieder! Aber euer Vater hat mir oft bei den Schularbeiten geholfen und Kalligraphien oder Zeichnungen für mich gemacht. Bei grünem Tee und Süßigkeiten haben die beiden dann stundenlang über Belangloses geplaudert, und ich wunderte mich immer, daß ihnen dabei nicht langweilig wurde.«

So erzählte meine Mutter ihren Kindern von der ersten Frau meines Vaters, die gleichzeitig ihre ältere Schwester war. Doch wenn ich ihr so zuhörte, sagte ich mir: Du, Mutter, hast doch genauso jahrzehntelang mit ihm gelebt und dich mit ihm über Belangloses unterhalten, und dir ist doch auch nicht langweilig geworden!

»Euer Vater sagte einmal, seine einzige Stärke sei, daß er nie genug bekam. Ich glaube, das stimmt. Er war eine Art Genie.

Eure Tante Takiko, die Zweitälteste (die Älteste war ja schon verheiratet und hatte das Familienerbe übernommen) war auffallend hübsch und bekam ständig Briefe von Verehrern, also war dauernd etwas los. Aber euer Vater war so hartnäckig, daß sie schließlich nachgab und sich mit ihm verlobte.

Eines Tages erschien plötzlich euer Großvater aus der Präfektur Ibaragi bei uns in Niigata, um für seinen Sohn förmlich um Takikos Hand anzuhalten.

Euer Vater war der einzige Sohn, und seine Familie hatte bereits eine Verlobung mit einer Tochter aus reichem Hause, die angeblich auf ein Frauencollege ging, eingefädelt. Die Sache war schon so gut wie unter Dach und Fach, doch da verliebte er sich in irgendein Mädchen aus einer anderen Provinz, also wurde die Verwandtschaft wütend und forderte, den Kerl zu enterben. Großvater war der einzige, der meinte: Wenn er sie denn wirklich mag, kann man's nicht verhindern. Also gut, ich seh sie mir an und hol sie her, und so kam er also zu uns.

Und unsere Eltern, die ihn bis dahin für einen nichtsnutzigen jungen Mann gehalten hatten, der ihrer Tochter hinterherlief, willigten nach einigem Hin und Her schließlich in die Verlobung ein.«

Das Ganze trug sich in der frühen Taishō-Zeit zu. Damals studierte mein Vater noch an der Medizinischen Fachhochschule Niigata, der Vorläuferin der heutigen Medizinischen Fakultät der Universität Niigata.

Die älteste Schwester meiner Mutter scheint eine introvertierte, wortkarge, aber stolze Frau gewesen zu sein, doch von der zweiten, die dann die erste Frau meines Vaters wurde, sagte man, sie sei optimistisch gewesen und habe ein freundliches Wesen gehabt.

Nun waren diese beiden älteren Schwestern zwar von sehr gegensätzlichem Charakter, aber sie galten beide als ausgesprochen schön, und so wuchs meine Mutter ihren eigenen Worten nach schon von frühester Kindheit an mit der traurigen Überzeugung auf, sie selbst sei das häßlichste Mädchen der Welt.

»Stell dir vor, Takiko hat mich vor den Spiegel gesetzt und mich damit getröstet: Ich sollte die Oberlippe langziehen und die Lippen spitzen, dann würde meine Nase nicht so hervorstehen.«

Meine Mutter hatte in der Tat eine für Japan seltene Physiognomie von europäischem Einschlag mit einem zu hohen Nasenrücken, dünnen Lippen und einem markanten Kinn, dazu weit geöffnete Augen unter einer hohen Stirn, die leicht schielten. Außerdem hatte sie naturkrause Locken zu einer Zeit, da sich die Frauen noch traditionell japanisch frisierten, und ihre fast durchsichtige, bläulich-weiß schimmernde Haut erregte Aufsehen.

Deshalb wurde sie seit ihrer Kindheit oft mit »Ausländer, Ausländer« geneckt, und das war es, worunter sie am meisten litt. Ihrem Vater, der ein Gesicht von ähnlich fremdländischem Zuschnitt hatte, soll sie dies übelgenommen haben.

Mir ist zwar nie zu Ohren gekommen, daß meine Familie mütterlicherseits unter den näheren Vorfahren ausländisches Blut hätte, aber sie lebten schließlich an der Japanischen-Meer-Seite, und ich halte es nicht für ausgeschlossen, daß sich, wenn man die Spuren noch weiter zurückverfolgt, ein solcher Einschlag finden ließe.

Das Dorf Kizaki in der Präfektur Niigata, aus dem mein Großvater stammt, liegt in einem typischen Reisanbaugebiet der Provinz Echigo zwischen den Flüssen Aga und Kaji, nur wenige Kilometer von der Küste entfernt, und wenn man bedenkt, daß in der Enpō-Epoche Ende des 17. Jahrhunderts der Schiffsverkehr sich bis an die Nordspitze der Hauptinsel Honshū erstreckte, ist irgendein Kontakt mit Ainu oder einer anderen im Norden ansässigen Volksgruppe nicht auszuschließen. In den Aufzeichnungen, die mein Großvater hinterließ, findet sich beispielsweise auch der Name des Daimyats Matsumae auf dem heutigen Hokkaidō.

Die Familie meines Großvaters besaß jedenfalls nicht nur Ländereien, sondern scheint sich auch unternehmerisch betätigt zu haben, und zwar im Bereich des Postverkehrs. In der Meiji-Zeit übernahmen und betrieben sie ein Postamt. Daneben bauten sie auch Birnen an, für die die Region berühmt war. Eine von Großvaters prahlerischen Geschichten besagte, die Familie hätte noch vor dem berühmten Senbikiya an der Ginza ein Obstgeschäft eröffnet. Und er ließ durchschimmern, daß er es gewesen sei, der die berühmte Birne Sorte »Zwanzigstes Jahrhundert« aus der Region Echigo in ganz Japan bekannt gemacht habe.

Mein Großvater Morita Shōsaku wurde als ältester Sohn seines Vaters Iita und seiner Mutter Mitoko am 15. Juni im Jahre Meiji 2 (1869) geboren. Mit sechs begann er, unter seinem Großvater Hangorō die Grundlagen der chinesischen Schrift und Lesen zu lernen, und im Alter von sieben Jahren wurde er auf die Privatschule im

Keisen-Tempel geschickt, wo man ihn in konfuzianischen Schriften und Kalligraphie unterwies. Dann aber wurden in fast allen Dörfern Volksschulen eingerichtet, und so wechselte er etwa im Alter von acht von der privaten in die öffentliche Schule über. Nach der heutigen Zählung dürfte er noch etwa ein, zwei Jahre jünger gewesen sein.

In seinem selbstverfaßten Lebenslauf steht zu lesen: »Mit zwölf absolvierte ich die Oberstufe, und wie es die Familienregeln vorsahen, wurden die Kinder wie die Bediensteten behandelt und mußten im Familienbetrieb arbeiten. . . . Täglich mußte ich mit dem Gesinde aufs Feld, um morgens und abends Unkraut zu jäten oder auch das Grünzeug zum Düngen zu mähen, dazu kamen noch das Fegen und andere Arbeiten vor dem Haus und auf der Straße.« Daß er dies in seinen Aufzeichnungen besonders hervorhebt, könnte vielleicht darauf hindeuten, daß er damit einen besonderen erzieherischen Wert verband.

»In jenen Tagen blieb keine Provinz von Unruhen verschont, Geschrei und Aufruhr herrschten, und eine Bestechung folgte auf die nächste. Der sogenannte Fukushima-Zwischenfall war eine Auseinandersetzung zwischen der Freiheitspartei der Präfektur Fukushima unter Kōno Hironaka und dem Gouverneur Mishima Michitsune, und aus diesem Anlaß brachen überall Aufstände aus.« Und schließlich heißt es in seinen Aufzeichnungen: »Unter den Anhängern der Freiheitsbewegung waren auch drei hochgebildete Männer, die anscheinend eine Führungsrolle innehatten und die in unserem Hause unterkamen. Einer dieser Verfolgten war der berühmte Chinagelehrte Yamaguchi Chiyosaku, der heimlich eine Privatschule für chinesische Klassik aufmachte . . .

In dieser Privatschule studierten fünf junge Männer aus der Umgebung mit hohen Ambitionen, unter denen ich selbst der jüngste war. Da ich gleichzeitig meinen häuslichen Pflichten nachzukommen hatte, wurde ich, wenn ich dem Unterricht beiwohnte, oft vom Schlaf überwältigt und konnte den Stoff nicht aufnehmen. ... Sei dem wie es sei, ich war gerade erst zwölf Jahre alt, und der Stoff beschränkte sich auf die vier chinesischen Klassiker, fünf konfuzianische Schriften und die Lehren des Mencius. Als ich vierzehn war, forderte man mich wegen des damals gravierenden Mangels an Lehrpersonal für die Volksschulen auf zu unterrichten. Ich nahm an und wurde Hilfslehrer und unterrichtete von nun an täglich in der Volksschule im Dorf, aber wegen meines jugendlichen Alters wollten mir die Schüler nicht recht gehorchen, und so machte ich mir Gedanken über Erziehung, und mir wurde klar, daß Schüler charakterlich zu erziehen vor allem bedeutet, die eigene Persönlichkeit zu formen.«

Bald darauf kündigte er seinen Lehrerposten auf und trat in eine private Schule der Stadt Niigata, das Hokuetsu Institut, ein. Diese Einrichtung war völlig anders ausgerichtet als die öffentlichen Schulen, die meisten Lehrer waren Ausländer, und nur der Direktor, der Oberlehrer, der Internatsvorsteher und die Lehrer für Japanisch und Chinesisch waren Landsleute. »Die Schule war von christlicher Ethik geprägt, mit einer für Japan damals seltenen neuen Erziehung, die man auch modernistisch nennen könnte, und denselben Geist vertraten auch die Englisch-Schule in Kumamoto auf Kyūshū, die Dōshisha in Kyōto, das Meiji- und das Aoyama-Institut in Tōkyō sowie das Tōhoku-Institut in Sendai.«

Es sieht ganz so aus, als habe Großvaters Vorliebe für das »Moderne« in diesem Milieu ihre Wurzeln, und dazu paßte, daß er wegen seines Aussehens und seiner Erscheinung auch noch scherzhaft »Ausländer« genannt wurde.

Diese damals auf dem Lande noch sehr seltene Mode griff etwa zur Zeit, als Mutter erwachsen wurde, in der Stadt schlagartig um sich, und so gibt es nach ihrer Hochzeit mit Vater Fotos, auf denen sie wie ein sogenanntes *moga*, ein »modern girl«, gekleidet ist.

Dieser allgemeine Wandel der Moden brachte es wohl mit sich, daß Mutter, die immer über den Vergleich mit ihren Schwestern geklagt hatte, nun Möglichkeiten fand, ihre Individualität auszudrücken.

Aber als ich jung war, hatte ich selbst oft, wenn meine Schwester von meinen Freunden hübsch genannt wurde, das Gefühl, das sollte heißen, daß ich selbst eben nicht hübsch sei, und betrübt, wie ich über mein Aussehen war, kann ich auch meine Mutter mit ihrer Klage über den Vergleich mit den Schwestern gut verstehen.

»Takiko war wirklich extrovertiert, und gleich, ob sie in der Kirche war oder beim Wohltätigkeitsbasar, beim traditionellen Neujahrs-Kartenspiel oder im Konzert, immer benahm sie sich auffällig wie eine Königin, und sie konnte glänzend reden.

Wenn sie in der Sonntagsschule die Kinder um sich versammelte und von Jesus oder Mose erzählte, dann hörten die sonst so lebhaften Kinder still zu. Ich dachte mir immer, wie kann sie nur so theatralisch mit diesen vielen verstellten Stimmen reden – fast wie einer von diesen Stummfilm-Erzählern im Kino. Das bewunderte ich, aber gleichzeitig war es mir etwas peinlich.

Euer Vater war ja noch nicht einmal Christ, aber selbst dort ging er ihretwegen aus und ein und folgte ihr überallhin wie ein Schatten. So war's doch, nicht wahr, Sāchin?« und Mutter schaute mit schelmischem Blick zu Vater hinüber, der sich an die alten Zeiten erinnern sollte.

»Takiko war doch ziemlich flatterhaft. Auch nach der Verlobung mit dir machte sie den anderen Verehrern schöne Augen, und ab und zu bekam sie auch Geschenke. Du, weißt du noch, dieses Theater? Diese Geschichte mit dem Rubinring, wo sogar du wütend wurdest und geschrien hast: Gib den bloß zurück!«

Es gab da einen Sohn reicher Eltern, der hatte sich in sie verliebt, obwohl sie doch schon mit einem anderen verlobt war, und so hatte er ihr im Gedenken an seine unerfüllte Liebe einen Rubinring schenken wollen.

Diesmal war sogar Großvater wütend: »So was von Unmoral! Diese Tochter gehört bestraft. Setz dich!« und er zog fast sein Schwert. Solch einen Aufruhr soll es damals gegeben haben.

Diejenige, der dieser Ring zugedacht war, war nach heutiger Zählung wohl etwa sechzehn oder siebzehn: »Aber ich hab' doch bloß am hellichten Tag auf der Straße mit ihm ein paar Worte gewechselt«, redete sie sich unter Tränen heraus, aber wenn in der Taishō-Zeit in einer Provinzstadt ein junges Mädchen auf der Straße mit einem jungen Mann auch nur ein paar Worte wechselte, kamen in der Nachbarschaft wahrscheinlich schon Gerüchte auf.

»Aber das muß auch ein ziemlich komischer Kerl gewesen sein, der einem Mädchen einen Ring schenkt, die schon mit einem anderen verlobt ist! Ich hab' keine Nebengedanken, ich möchte Ihnen das nur als Erinnerung an meine Jugend schenken, und Sie machen mich glücklich, wenn Sie ihn immer behalten, soll er ihr gesagt haben. Ein Rubin mit Zertifikat aus dem Uhrengeschäft Katagiri (einem berühmten Juweliergeschäft im damaligen Niigata).«

»Und was geschah mit dem Ring?«

»Der ist natürlich zurückgeschoben worden. Wahrscheinlich hat Vater dafür gesorgt. Nicht wahr?« sagte Mutter und wandte sich lachend an meinen Vater. »Aber Takiko sagte, der junge Mann täte ihr leid: Was ist denn schon dabei, wenn ich so einen Ring behalte und ihn mir ab und zu ansehe? Ich hätte nicht so blöd sein sollen und es ihm verraten. – Du warst wahrscheinlich sehr eifersüchtig!«

Wenn meine Mutter von Vater und seiner ersten Frau erzählte, kündigte sich dies im Familienkreis immer auf diese Weise an. Und wenn ich immer wieder solche Geschichten hörte, fragte ich mich manchmal, ob meine Mutter Vater mit solchen Hänseleien bei Laune halten wollte. Andererseits konnte man es aber auch so verstehen, daß sie sich nur gern und ohne jeden Hintergedanken an ihre verstorbene Schwester erinnerte, der sie sehr nahegestanden hatte. Doch es war wohl alles noch viel komplexer, aber bis ich allmählich dahinterkam, mußte ich noch fast ein halbes Jahrhundert älter werden. Wie dem auch sei, Mutters Art zu erzählen klingt mir von meiner Kinderzeit an bis über die Pubertät hinaus als Geschichte in den Ohren, nicht von den eigenen Eltern als besonderen Autoritätsfiguren, sondern von mir nahestehenden Menschen, bei denen sich die komischen Seiten des Menschseins zeigen.

»Meine beiden Schwestern standen irgendwie immer in Konkurrenz, und Takiko hat mich sogar gefragt: Wer ist hübscher, ich oder Matsue? Ich kam mir vor wie der Spiegel der Stiefmutter von Schneewittchen, aber ich antwortete immer: Das ist Geschmackssache. Doch nicht genug damit, sie wollte dann auch noch wissen, wer attraktiver sei, der Schwager in Kizaki oder ihr Mann Saburō. So hat sie mich mit Fragen bedrängt!«

»Und was hast du gesagt?«

»Wenn ich ihr antwortete, das ist auch Geschmackssache, dann fragte sie weiter, wen ich selbst denn wählen würde. Also sagte ich, keinen von beiden. Ich würde mir selber einen suchen.«

»Aber du hast doch dann schließlich doch Vater geheiratet«, sagte ich etwas enttäuscht.

»Ich hab ihn mir nicht ausgesucht. Takiko hat ihn ausgesucht und mir aufgedrängt.«

Wie oft Mutter diese Geschichte wohl erzählt hatte! Ich kannte sie samt ihrem Tonfall auswendig.

Als ihre Schwester auf dem Krankenbett erfuhr, daß sie sterben würde, schrieb sie ihr Testament, in dem sie ihrem Mann, meinem Vater, für die glückliche Ehe dankte und den Wunsch äußerte, er möge nach ihrem Tode möglichst ihre Schwester, meine Mutter, heiraten. Dieses Testament habe ich einmal als Kind gesehen; wo es sich jetzt befindet, weiß ich nicht. Vielleicht besitzt es jetzt ihr Sohn, mein Halbbruder, als Andenken an seine Mutter.

»Sie hat mich gebeten, deswegen habe ich geheiratet. Ich hab's nicht aus eigenem Willen getan. Meinen Mann hätte ich mir gern selbst ausgewählt«, sagte Mutter mit gespielter Unschuld.

Sie sprach wirklich sehr oft von ihren Schwestern.

»Matsue, die älteste, war ganz und gar japanisch, und mit ihrer Marumage-Frisur sah sie einfach bildschön aus. Wenn sie zu uns zu Besuch kam, dann fanden die Männer aus der Nachbarschaft immer irgendeinen Vorwand, um in ihre Nähe zu kommen. Deine Großmutter stöhnte oft: Kaum ist Matsue da, ist das hier ein reines Taubenhaus. Mir reicht's! – Damals benutzte man Rikschas, und daher wußte man sofort, wenn jemand Besuch hatte.

Großmutter stöhnte zwar immer, aber gleichzeitig war ihr das Ganze doch gar nicht so unangenehm.

Und Takiko hat ständig mit der ältesten Schwester in Kizaki gewetteifert und gab sich enorme Mühe mit dem eigenen Aussehen. Selbst im Winter stand sie immer um sechs Uhr auf, machte ihre Schultern frei und schminkte sich. Weil sie noch Schülerin war, durfte sie sich nicht pudern und Rouge benutzen, aber sie cremte sich gründlich ein, flocht sorgfältig ihren Zopf, machte die Augen vor dem Spiegel auf und zu, kämmte ihre Brauen und Wimpern und ölte die Wimpern ein, damit sie feucht aussahen, und schließlich lächelte sie ihr Gesicht im Spiegel an. Ich hab ihr immer von hinten dabei zugesehen. Und dann hab ich mir gedacht: Sie will ganz anders sein als die Schwester in Kizaki. Denn sie hat genau das Gegenteil gemacht, und sie hat auch in ihrer Kleidung alle Farben strikt gemieden, die Matsue mochte.

Aber mit der Schwester in Kizaki war es im Grunde genommen genauso, und unsere Mutter sagte immer: Matsue ist gemein. Sie leiht ihrer Schwester nicht mal einen Kimono. Die arme Takiko! Verglichen mit Matsue hat sie ja kaum etwas Vernünftiges anzuziehen!«

Als die beiden jüngeren Schwestern erwachsen wurden, war das Familienvermögen schon ruiniert, und sie wuchsen in bescheidenen Verhältnissen auf. Als sie aufs Lyzeum ging, besaß meine Mutter, wie sie sagte, außer der Schultracht nur einige wenige Kleidungsstücke für alltags.

»Und das waren auch nur verwaschene und geflickte Sachen mit dem üblichen Sprenkel- und Streifenmuster.

Aber unsere Schwester in Kizaki hatte sich dazu ihre eigene Theorie zurechtgelegt. Sie argumentierte so: Ich habe als die Älteste ein schlechtes Los gezogen. Weil Vater als Trinker und Träumer tat, was er wollte, mußte ich das Familienanwesen auf dem Lande übernehmen, das er heruntergewirtschaftet hatte, und mußte mich in all diese alten, verstaubten Bräuche fügen. Wenn ihr jetzt in der Stadt in einem erbärmlichen Haus zur Miete wohnt, dann ist das der Ausgleich für eure sogenannte Freiheit. Außerdem, wir sind zwar Schwestern, aber die Sachen, die mir stehen, stehen euch nicht. Und wenn ich sie euch leihen würde, würdet ihr doch nur die Nase über meinen altmodischen Geschmack rümpfen! –

Ja, Takiko hatte zwar keine besonderen Kleider, aber sie hatte eine ganz besondere, strahlende Frische. Matsue in Kizaki war zweifellos materiell sehr viel besser gestellt, aber in diesem Punkt hat sie sie insgeheim immer beneidet.

Warum nur hatte sie eigentlich dieses Strahlende, wo sie doch gar nichts für sich tun konnte, außer ihre Haut zu pflegen?

Es gibt doch diese Redensart: Im Stehen Päonie, im Sitzen Pfingstrose, im Gehen Lilie. Takiko, die hatte etwas von einer strahlend lächelnden Päonie.«

Wenn Vater solchen Geschichten schweigend zuhörte, wirkte er wie ein glücklicher Mann.

Meine Tante Takiko starb mit sechsundzwanzig Jahren, nach heutiger Zählung entspräche das vierundzwanzig oder fünfundzwanzig. Ich wurde geboren, nachdem sie starb und meine Mutter auf ihren im Testament verfügten Wunsch hin meinen Vater geheiratet hatte, und so kannte ich sie natürlich nicht. Doch durch die Erzählungen meiner Mutter begann sie, vor mir lebendige Gestalt anzunehmen.

Ich habe das Gefühl, als sei mir ihre Stimme, ja der Geruch ihrer Haut vertraut.

ETWAS GROSSES, FINSTERES

Neulich rief mich eine Cousine an:

»Meine Eltern haben mir einmal erzählt, daß es drei Jahre gedauert hat, ehe deine Mutter in die Ehe mit deinem Vater einwilligte.«

Diese Cousine ist die jüngste Tochter des älteren Bruders meiner Mutter. Ja, es stimmt, mein Vater lebte nach dem Tod seiner ersten Frau drei Jahre lang allein. Das heißt, er warb drei Jahre lang um seine erste Frau, und wiederum drei Jahre lang wartete er auf seine zweite. Bei diesen Worten erinnere ich mich an Mutters Tonfall, als sie mir ihr Hochzeitsfoto zeigte:

»Schau mal, dieses düstere Gesicht der Braut.«

Tatsächlich machte sie auf dem Hochzeitsfoto ein düster-trauriges, nachdenkliches Gesicht.

Bei meiner eigenen Hochzeit lag das Kriegsende noch nicht lange zurück, und wir hatten nur eine einfache, interne Feier, zu der ich mein eigenes Haar zur Takashimada-Brautfrisur hochkämmte und Mutters Brautkimono trug.

Es handelte sich um einen Festkimono mit langen Ärmeln, den meine Großmutter von dem Brautgeld in Kyōto eigens hatte anfertigen lassen. Das Frisiertwerden ziepte so fürchterlich, daß mir dabei die Tränen kamen. Es war das einzige Mal in meinem Leben, daß ich eine traditionelle japanische Frisur trug. Der Zierkamm und die Schmuckhaarnadeln stammten von meiner Mutter.

Da ich inzwischen lange im Ausland gelebt habe und meine Mutter verstorben ist, konnte ich über den Verbleib des Haarschmucks nichts mehr in Erfahrung bringen, aber das Brautkleid habe ich bis heute. Manchmal denke ich, wie es wäre, wenn meine Tochter es trüge, aber sie sagt, sie habe vor, auf eine Feier zu verzichten.

»Vielleicht mochte meine Mutter meinen Vater ja doch nicht«, sagte ich nach dem Telefonat mit meiner Cousine zu meinem Mann, worauf er meinte:

»Wer weiß, ob es dir nicht genauso geht. Die Wahrheit wird man nie erfahren, solange man lebt.«

Aber nach dem Tod erfährt man die Wahrheit natürlich genauso wenig. Meine Eltern führten eigentlich eine überdurchschnittlich gute Ehe. Am Tag, als meine Mutter starb, gab Vater seinen Arztberuf auf.

»Ich habe zu nichts mehr Lust«, sagte er. Er überlebte Mutter um acht Jahre, deutete jedoch einmal an, daß er gern wieder heiraten würde. Er sagte auch, er wolle sich mit einer Frau treffen, die er vor mehr als dreißig Jahren gekannt hatte.

Ich hätte ihn gern mit ihr zusammengebracht, aber er konnte nicht mehr gut gehen, und so kam mir das Ganze doch ein wenig unrealistisch vor. Aber wenn ich ihm angeboten hätte, die Frau, von der er nicht einmal die Adresse kannte, mit ihm gemeinsam ausfindig zu machen, hätte er sicher eingewilligt. Aber ich schwieg.

Ich konnte mir nicht vorstellen, daß diese Frau für einen alten Mann ohne Vermögen, der allmählich schon seinen eigenen Kindern zur Last fiel, gesorgt hätte. Vaters Worten nach war sie wesentlich jünger als er, aber auch sie wäre inzwischen eine alte Frau gewesen. Vater war schließlich schon über achtzig.

Einige Monate, nachdem mir Vater dies gesagt hatte, starb er. Ich hatte es allerdings, nachdem ich es von ihm gehört hatte, eher beiläufig meinem Bruder erzählt, bei dem er wohnte. Aber mein Bruder sagte nur kurz angebunden:

»Der spinnt ja!«

Auch mit meiner jüngeren Schwester hatte er offenbar gesprochen.

»Stell dir vor, was er gesagt hat!«

Wir Schwestern schauten uns wortlos an. Er tat uns leid. Seinen Söhnen hatte Vater nichts gesagt, nur seinen Töchtern gegenüber hatte er sich flüsternd offenbart.

Was hätte Mutter wohl gesagt, wenn sie ihn überlebt hätte? »Ich sterbe ganz bestimmt vor ihm. Bitte findet für euren armen Vater eine gute Frau«, hatte sie immer wieder gesagt.

Als ich noch jung war, sah ich an einem regnerischen Tag meine Mutter an einem Ort, wo ich gar nicht mit ihr gerechnet hatte. Ich sah sie vom Bus aus. Sie trug einen Kimono aus schwerer Seide, der ihr, wie sie selbst und auch wir alle fanden, sehr gut stand, und wie sie dort stand und in den regenverhangenen Himmel blickte, hatte ihre Gestalt etwas unerklärlich Sinnliches. Ich wußte, daß es in diesem Stadtteil einen Mann gab, der meiner Mutter anscheinend sehr nahestand. Von diesem Mann erhielt ich lange nach Mutters Tod einmal einen Brief. Er war denkbar belanglosen Inhalts und besagte lediglich, er habe Werke von mir gelesen.

Und dann bekam ich, weshalb eigentlich, noch einmal einen Brief von einem seiner Freunde, der berichtete, daß er gestorben sei.

Inzwischen sind sie alle tot, von denen die Rede war.

Doch wenn ich mich an sie erinnere, so will mir scheinen, als lebten sie in den Menschen meiner Umgebung weiter. Habe ich vielleicht die Wahrheit doch verstanden?

Kürzlich fuhr ich mit meinem Mann nach Kamakura. Da ich dort eine Zeitlang die Onari-Volksschule besucht hatte, hegte ich zahlreiche Erinnerungen an diese Stadt. Nun war gerade meine Kollegin Takahashi Takako* zu einem kurzen Heimataufenthalt aus Paris zurückgekehrt, und ich verspürte große Lust, sie auf ihrer Hausorgel Bach spielen zu hören. Ich rief sie vorher an.

»Das alte Haus, in dem ich mit meinem Mann gewohnt hatte, steht schon so lange leer. Ich möchte es wieder vermieten. Gerade sind Interessenten zur Besichtigung hier. Wir könnten aber zusammen zu Abend essen«, meinte Takahashi. Also machten wir vom Kamakura-Schrein aus noch einen Abstecher und besuchten den Kakuen-Tempel. Wir stiegen den schmalen, flach verlaufenden Pfad im Tal langsam bergan, und als wir beim Tempel ankamen, erinnerte ich mich plötzlich, daß ich früher schon einmal hier gewesen war.

Der verstorbene Kawabata Yasunari* war es, der mich hierher geführt hatte. Im Abendlicht lag das Innere des Tempels im Dunkel. Er zeigte mir, offenbar mit einer bestimmten Absicht, einen moosüberwucherten alten Grabstein.

Sicherlich habe ich damals den Namen des Tempels gehört, aber ich erinnerte mich nicht. Ich interessierte mich seinerzeit auch nicht sonderlich für Tempel. Was hatte er mir eigentlich sagen, weshalb hatte er mir dieses Grab zeigen wollen? Als ich den unleserlichen, bemoosten Grabstein sah und sagte: »Das war sicher ein prächtiges Grab«, schaute er mich fest mit seinen großen

Augen an und sagte leise: »Ich habe dieses Grab schon verschiedenen Leuten gezeigt, aber noch niemand hat so etwas gesagt.«

Der schmale Pfad im Tempelbereich war nach dem Regen noch schlüpfrig, und ich mußte ihn stützen, da sein Schritt ein wenig unsicher war.

Vom Kakuen-Tempel gingen mein Mann und ich zu Takahashi Takako, und zu dritt plauderten wir bis spät in die Nacht. Das Gespräch kam auch auf Kazumi, ihren verstorbenen Ehemann.

»Zwischen Ehepartnern gibt es etwas Riesiges, Finsteres, und das läßt sich nicht beschreiben«, sagte sie.

»Man weiß nicht, was es ist, aber wenn man es aussprechen würde, wäre alles aus, nicht wahr?« sagte mein Mann.

»Ich vermute, Sie, Minako, denken, Sie hätten es schon ausgesprochen, aber ich weiß nicht. Ihr Mann hat es jedenfalls gut ausgedrückt«, sagte Takako und nickte mir zu.

Einige Tage später, es war eine stürmische Nacht, übernachtete sie bei uns und flog am nächsten Morgen nach Paris.

WISSEN SCHÜTZT NICHT VOR TRÄNEN – CHINAPFEFFER

Die erste Frau meines Vaters, die zugleich meine Tante war, ist nur aufgrund von Erzählungen von Familienmitgliedern in mir lebendig, aber an die Erscheinung meines Großvaters mütterlicherseits kann ich mich selbst unmittelbar erinnern.

In einem alten Fotoalbum gibt es einige Bilder, auf denen er, noch sehr jung und mächtig herausgeputzt, wie ein liebenswerter, unternehmungslustiger junger Kerl wirkt.

Da er mit siebzehn, achtzehn nach Tōkyō ging und bis Mitte dreißig blieb, müßten die Fotos allesamt aus seiner Tōkyōter Zeit stammen. Sie zeigen ihn im Gehrock mit einem modischen Bart und mit Spazierstock oder auch im formellen Kimono mit Hakama-Rockhose und Haori-Überwurf, auf dem Kopf einen merkwürdigen Hut, halb Helm und halb Samurai-Kappe.

Seine älteste Tochter wurde in Azabu in Tōkyō geboren, als er beim Innenministerium tätig war. Offenbar stand ihm aufgrund seiner Stellung eine Residenz zu, und er konnte sich auch Hausdiener und Hausmädchen halten. Daß er sich um das Jahr Meiji 30 (1897) eine Zeitlang in der Welt des Beamtentums bewegte, hat offenbar damit zu tun, daß er in jungen Jahren die ihm zugedachte Braut abgewiesen, sich vom Abend nach der Hochzeit an im Speicherhaus eingeschlossen hatte und anschließend nach Tōkyō gekommen war, um in Waseda zu studieren.

Damals war die Vorläuferin der heutigen Waseda-Universität, die Fachhochschule Tōkyō, gerade erst eröffnet worden, und dem Vernehmen nach war es ihr Gründer, der Politiker Ōkuma Shigenobu, gemeinsam mit anderen, der ihm die Stelle im Ministerium vermittelt hatte.

Ōkuma und seine Anhänger stützten sich auf die damalige Schicht liberaler Kapitalisten; das Beamtentum, das nicht der vorherrschenden, von den ehemaligen Daimyaten Satsuma und Chōshū beeinflußten Gruppierung angehörte, unterschied sich auch von der Bewegung für Freiheit und Volksrechte, die die revolutionäre Energie der Bauernschicht bündelte.

Mein Großvater könnte durchaus eine Art Affinität zur Bewegung für Freiheit und Volksrechte verspürt haben, denn als er noch Kind war, hatte seine Familie zeitweilig Intellektuellen, die eine führende Rolle im Fukushima-Aufstand gespielt hatten, in ihrem Anwesen Unterschlupf gewährt. Seine eigenen politischen Ansichten dürften indes kaum über ein kleinbürgerliches Bewußtsein hinausgegangen sein.

Wie dem auch sei, es hat ganz den Anschein, daß er zu Beginn seines vierten Lebensjahrzehnts angesichts der widersprüchlichen politischen Realität, die sich so ganz anders darbot, als er sie in seinem jugendlichen Idealismus antizipiert hatte, und seiner eigenen Stellung immer mehr Frustration und Selbstverachtung in sich anhäufte.

Just zu dieser Zeit starb in der Heimat sein Vater, und als Familienvorstand oblag es ihm, die familiären Angelegenheiten zu regeln. Also kündigte er und kehrte in die Provinz heim.

Wenn er getrunken hatte, murmelte er Sprüche wie »Itagaki mag sterben, aber die Freiheit stirbt nicht«*, doch wenn er sprach, so klang dies für die Menschen in seiner Umgebung wie die Klage des Fuchses, der die sauren Trauben verschmäht.

Die autobiographischen Aufzeichnungen, die von ihm erhalten sind, brechen mit dem fünfzehnten oder sechzehnten Lebensjahr ab. Vielleicht existiert irgendwo noch eine Fortsetzung, doch meine Mutter besaß nur diesen Teil. Wahrscheinlich schrieb er dies nieder, als er zu Besuch bei uns weilte.

Der Text enthält eine Passage, in der er seufzend vermerkt, sein Klassenkamerad Soundso aus der Hokuetsu-Privatschule in Niigata habe anschließend an der Kaiserlichen Universität Tōkyō studiert, sei dann ins Ausland gegangen und ein führender Mann im Ölgeschäft geworden. Vielleicht wollte er nicht über sein eigenes Versagen reden.

In dem Teil, wo er sich als etwa Dreizehn- bis Vierzehnjährigen beschreibt, tauchen mehrfach Frauen auf. Während seiner Schulzeit übernachtete er einmal in einer Herberge einer nahegelegenen Stadt, als mitten in der Nacht sich eine Frau in sein Zimmer schlich. Er schrie: »Ein Dieb, ein Dieb!«, doch die Zimmervermieterin meinte zu ihm: »Solch einen Dieb hätte man doch gern jede Nacht, nicht wahr, Herr Morita?« Er habe überhaupt nicht verstanden, was sie damit meinte, und sei umgehend in seine Internatsunterkunft zurückgekehrt, schreibt er betont naiv. Oder eine andere Episode: Er hatte einmal unter dem Dach eines Freudenhauses Schutz vor dem Regen gesucht, und weil ihm das Haus so geschmackvoll eingerichtet zu sein schien, dachte er, es sei ein Restaurant. Da er hungrig war, wollte er ein Essen bestellen, wurde jedoch abgewiesen: »Ein junger Spund wie Sie sollte sich nicht hierher verirren«, ließ man ihn wissen. Humorige, aber nicht ganz für bare Münze zu nehmende Geschichten dieser Art enthält der Text.

In anderen Eintragungen ist davon die Rede, wie er mit einem Freund bei dessen Verwandten an den Feierlichkeiten zum sechzigsten Geburtstag des Hausherrn teilnahm und dabei als Ehrengast in der Nähe des Gefeierten zu sitzen kam; mit aller nur erdenklichen Höflichkeit und Gastfreundschaft bedacht, wußte er nicht, wie ihm geschah. Als er dort nachts die Toilette aufsuchte, wurde er von der Tochter des Hauses in ein anderes Zimmer geführt und auf ihr Nachtlager gebeten. Was dann geschah, führte er nicht weiter aus, aber der Text ist so kitzlig-komisch formuliert, daß man in der vage dargestellten Szene nicht weiß, wer eigentlich wen aufgefordert hat.

Am nächsten Morgen, so heißt es, taten alle so, als sei nichts gewesen, und boten ihm einfach an, noch länger zu bleiben. Sie hätten, sagten sie, einen Boten zur Schule geschickt, um zu melden, daß er noch länger zu bleiben gedächte. »Ich war wirklich verlegen ...«. Hiermit bricht der Text ab, doch wahrscheinlich hat er sich dies alles ausgedacht.

Geschichten dieser Art hatte er nämlich auch zu literarischer Prosa verarbeitet. Als ich gerade mein Studium begonnen hatte, steckte er mir mit den Worten: »Minako-san, kannst du dir nicht mal eins von meinen Werken ansehen? Du willst doch Schriftstellerin werden«, heimlich und verlegen seine Texte zu.

Er war damals Ende siebzig, aber immer noch sprach er im Stil der Studenten der Meiji-Zeit, deshalb redete er mich, seine Enkelin, mit »-san« an, und seinen etwa vierzehnjährigen Enkel mit »-kun«.

Oft erzählte er mir mit todernster Miene Geschichten aus seiner Jugendzeit, doch wenn man ihm ernsthaft zuhörte, stellte sich irgendwann heraus, daß die Hälfte davon erfunden war, und so ließ ich mich von ihm immer wieder hinters Licht führen.

Er sprach gern dem Sake zu, und wenn er einmal einen seltenen, hochwertigen Fisch ergatterte, so bereitete er diesen selbst zu und richtete ihn wunderschön an, mit Herbstlaub oder anderen Blättern dekoriert, wobei er sich selbst lobte: »Schau, ist das nicht wie ein Gemälde!«

Wenn er einen Brief an seinen Schwiegersohn richtete, schrieb er stets mit dem Pinsel auf gerolltes Japanpapier im traditionellen geschraubten Stil mit den sinojapanischen Einleitungsfloskeln; seine Tochter dagegen bekam mit dem Federhalter geschriebene Briefe in weit weniger formellem Ton, manchmal sogar in Umgangssprache.

Der humorvolle Inhalt der Briefe paßte jedoch überhaupt nicht zu ihrer starren äußeren Form, und meine Mutter mußte beim Lesen oft glucksend lachen.

In seinen Aussagen widersprach er sich aufs gründlichste: Nahm man an, er predige jetzt konfuzianische Moral, dann pries er im nächsten Moment das moderne abendländische Individuum und verband beides wiederum mit einer Spitzfindigkeit, die wahre Lachsalven auslöste. Er war eine Art Unterhaltungskünstler.

Beides war wohl Teil seines Selbst, und er schwankte zwischen beiden Seiten hin und her.

Und was die Tatsache angeht, daß er immer wieder davon erzählte, wie sich in jungen Jahren eine Frau an sein Bett schlich – es lächelten alle darüber, daß es keine

Geschichten gab, in denen er eine Frau in ihr Schlafzimmer verfolgte –, so könnte es doch sein, daß er in irgendeiner Form die Erfahrung, in die Enge getrieben zu werden, wirklich gemacht hat. Und wenn es stimmt, daß er später die Braut, die ihm aufgezwungen werden sollte, abwies, indem er sich im Speicherhaus einschloß, so mag diese Handlung tiefenpsychologisch etwas mit dieser Erinnerung zu tun haben.

Nachdem er sich in Tōkyō niedergelassen hatte, heiratete er eine Frau aus einer anderen Provinz fernab von seiner Heimat, zudem einen damals noch sehr seltenen Typ moderner, parkettsicherer Frau.

Obgleich seine Begabung in seiner Umgebung volle Anerkennung fand, war er jedoch im Leben nicht sehr erfolgreich, was nach übereinstimmender Meinung der Verwandtschaft seiner Vorliebe für Alkohol und Frauen zuzuschreiben war.

Als er jedenfalls um die Jahrhundertwende in seine Heimat zurückkehrte, muß noch einiges von dem Familienvermögen vorhanden gewesen sein, doch weit davon entfernt, sich als Oberhaupt der Familie darum zu kümmern, scheint er es nach Herzenslust verbraten zu haben.

Meine Mutter erinnert sich aus ihrer Kindheit, daß er täglich unter irgendeinem Vorwand mit der Rikscha das Teehaus besuchte, und so blieb nach einigen Jahren vom Erbe nur noch das Postmonopol am Ort übrig, das er der ältesten Tochter und ihrem Mann übertrug; er selbst behauptete, ein neues Geschäft aufziehen zu wollen, und wohnte eine Zeitlang in Niigata zur Untermiete, zog später aber nach Sapporo.

Über die Frauengeschichten meines Großvaters in dieser Zeit lassen sich nur Vermutungen anstellen, aber es kursierten mehrere Anekdoten, die ich in meiner Kindheit aufschnappte. Da war zum Beispiel die Geschichte mit dem schüchternen jungen Mädchen, von dem man nicht wußte, woher es stammte. Mit der Behauptung, ein Freund habe ihn darum gebeten, wies er seine Frau an, sie als Dienstmädchen einzustellen, in Wirklichkeit aber hatte er ein Verhältnis mit ihr. Dann die Geschichte, wie er im Vergnügungsviertel mit Geld nur so um sich warf; und um seine Beliebtheit bei den Geishas auch noch seiner Familie zu demonstrieren, lud er diese Frauen oft zu sich nach Hause ein.

Er freute sich königlich, wenn die Geishas ihm mit der Rikscha in ihrem Prachtaufzug einen Neujahrsbesuch abstatteten, und machte, entzückt wie er war, großzügig die obligatorischen Geldgeschenke, bemerkte mit einem verachtungsvollen Lächeln meine Großmutter.

Meine Mutter beeindruckten die Geishas, die sie damals als Kind erlebt hatte, als etwas Wunderschönes, und sei es als Kontrast zu ihrer eigenen, allzu ernsthaften Mutter, die von ihrem Mann gemieden wurde und keine der Unterhaltungskünste auszuüben vermochte. Sie jedenfalls zog ihre Töchter ganz anders auf, und ich mußte mit meiner jüngeren Schwester von klein auf Tanz und Samisen spielen lernen.

In einem ehrbaren Haus wollte man damals üblicherweise nichts mit solchen Frauen zu tun haben, die früher im Unterhaltungsgewerbe tätig gewesen waren, doch auch, nachdem ich erwachsen war, gingen sie des öfteren noch bei uns ein und aus, und ich vermute, dies ist auf die nostalgischen Kindheitserinnerungen meiner Mutter zurückzuführen.

Mein Großvater war schon über fünfzig, als er von einer anderen Frau einen Sohn bekam, und um seinetwillen trennte er sich von seiner Familie und lebte im Alter mit ihm und seiner Mutter zusammen. Nach dem Tod dieser Frau holte er deren ältere Schwester, angeblich als Ersatzmutter für das Kind, in sein Haus und machte sie zu so etwas wie seiner Geliebten. So sah es zumindest für die Leute in der Umgebung aus, die diese Dreiergemeinschaft erlebten.

Diese Frau soll aber später der Frau seines Sohnes, als diese mit den Gebeinen meiner Großmutter aus den Kolonien in die Heimat zurückkehrte, gesagt haben: »Zwischen uns ist nichts gewesen, ich schwör's.« Wie es wirklich war, ist eigentlich nicht so wichtig, denn die Wahrheit, das ist wahrscheinlich das Unbegreifliche, Unerklärliche, das sich hinter diesen Dingen verbirgt.

Mein Großvater lebte jedenfalls mit dieser Pflegemutter zusammen, bis der Sohn, den er mit der Schwester gezeugt hatte, die Universität verließ, und erst kurz bevor er achtzig wurde, kehrte er in seine Heimat zurück. Er kehrte zurück zu der Tochter, der er die Sorge für das eigene Geburtshaus übertragen hatte, und starb dort.

Ob er nun den Wunsch hatte, in der Heimaterde begraben zu werden, oder ob er fürchtete, verarmt seinem jungen Sohn zur Last zu fallen – wahrscheinlich traf beides zu. War es sein männlicher Stolz, der ihn dazu brachte, mit aller Kraft dafür zu sorgen, daß alle seine Kinder, ob legitim oder illegitim, eine gute Ausbildung bekamen?

Als meine Mutter jung war, bekam sie keine Kimonos, so erzählte sie, dafür aber die besten Wörterbücher, die man sich vorstellen konnte, und als ich aufs Lyzeum kam, hat sie mir mehrere dicke Exemplare zur Verfügung gestellt, die mir bis zum Ende meines Studiums an der Universität gute Dienste leisteten.

Doch was war seine Frau, meine Großmutter, eigentlich für ein Mensch?

Sie schrieb Briefe an ihn in altmodischer Formvollendung, und bis in den frühen Morgen saß sie neben dem Tischchen mit den für ihn vorbereiteten Speisen und wartete auf seine Rückkehr von seiner Geliebten, und wenn sie ihm dann gegenübersaß, wies sie ihn auf sehr korrekte Weise zurecht. Sie wurde von ihrem Mann respektiert, aber alleingelassen.

Viele Jahre später weinte meine Mutter, als habe sie sich plötzlich erinnert, um ihre tote Mutter, und sie beschimpfte ihren toten Vater: »Er war doch ein schlechter Mensch!«

Meine Großmutter war eine willensstarke, sehr ernsthafte Person, die immer überzeugt war, im Recht zu sein. Aber sogar meiner Tante, ihrer ältesten Tochter, war die starke Selbstbehauptung ihrer Mutter zu viel, und so lautete ihr kritischer Kommentar nach deren Tod: »Sie war zu willensstark.« Die Tante selbst hatte einen starken Vaterkomplex, doch das hatte offenbar etwas mit ihrem Verhältnis zu ihrer Mutter zu tun.

Meine Mutter mochte ihren Vater, trotz aller Ablehnung, aber ihre Mutter liebte sie, ungeachtet all ihrer Schwächen, so sehr, daß sie sofort in Tränen ausbrach, wenn sie sich nur an sie erinnerte.

Ihrem einzigen Sohn, dem älteren Bruder meiner Mutter, tat es leid, wie seine Mutter von seinem Vater behandelt wurde, und ihm schien es besser, wenn sie nicht mehr in dessen Nähe wäre. Als er dann beruflich an eine

Agrarversuchsanstalt nach Taiwan versetzt wurde, nahm er sie mit seiner Familie dorthin mit. Dieser Onkel starb im Krieg auf einer Dienstreise zu den Philippinen, als sein Schiff durch Torpedos versenkt wurde, und seine Familie konnte, da die Kriegslage es nicht mehr zuließ, nicht nach Japan heimkehren. Meine Großmutter wurde krank, und kurz vor Kriegsende, am 4. August 1945, starb sie in der Fremde.

Sie stammte aus der Präfektur Ibaragi und liebte meinen Vater, der auch dort geboren war, wie ihren eigenen Sohn und redete ihn wie einen leiblichen Sohn einfach mit Saburō an. Daß er schließlich zwei von ihren Töchtern heiratete, ist zu einem nicht unerheblichen Teil gewiß auch ihrem Willen zuzuschreiben. Für sie war Niigata ein fremdes Land, und zu dem jungen Mann aus ihrer Heimat, der zum Studium in der Fremde weilte, fühlte sie sich wohl wie zu ihrem eigenen Fleisch und Blut hingezogen.

Auch mein Vater verstand sich mit Großmutter sehr gut und respektierte ihre strengen mütterlichen Ermahnungen mit dankbarer Aufmerksamkeit.

Schon seit längerer Zeit bin ich zu dem Schluß gekommen, der wichtigste Grund dafür, daß mein Großvater keinen Erfolg hatte, sei darin zu suchen, daß er diese ernste und gutmütige Ehefrau vernachlässigt hat.

Als er sie in jungen Jahren intensiv umwarb und ihr seine ganze Aufmerksamkeit schenkte, ging es nämlich in jeder Hinsicht mit ihm deutlich aufwärts. War es nicht sogar so, daß die Menschen ihm aus Achtung ihr gegenüber vertrauten?

Ein, zwei Jahre vor seinem Tod kehrte er also in die Heimat zurück und wohnte bei meiner Tante, und in dieser Zeit unterwies er mich in der Dichtung von Bai Juyi. Als junger Mann hatte er eine Zeitlang trotz seiner Herkunft aus der Provinz politische Ambitionen gehegt, und mochte er sagen, was er wollte, insgeheim war es wohl sein Traum gewesen, ein weltzugewandtes, gesellschaftlich anerkanntes Leben wie dieser Dichter der Tang-Zeit zu führen.

Er redete gern in Anspielungen, war sehr emotional und weinte leicht, außerdem hatte er eine Vorliebe für Übertreibungen, und all das könnte auch von dem chinesischen Klassiker beeinflußt worden sein. Tragik lag ihm nicht, und es fehlte ihm auch an dauerhafter Begeisterung. Dennoch rettete er sich als ein Gescheiterter in seinen späten Jahren durch sein Talent, die Menschen in seiner Umgebung mit seinem irgendwie traurig-komischen Verhalten unwillkürlich zum Lachen zu bringen.

Jahre nach seinem Tod bin ich mehr als einer alten Frau begegnet, die in wehmütiger Erinnerung an ihn Tränen vergoß. Und meine jüngere Schwester wurde eines Tages heimlich von der Pflegemutter unseres jungen Onkels, die fast zwanzig Jahre lang mit meinem Großvater zusammengelebt hatte, angesprochen, ob sie als Andenken nicht die Sutra bekommen dürfe, die er so gern gelesen habe. Sie durchsuchte das Haus meiner Tante, fand das Buch aber nicht, was ihr für die Frau sehr leidtat.

Ein wenig mochten ihn sein eigener Sohn und seine Töchter schon verachten, aber sie konnten ihn irgendwie nicht hassen, und stillschweigend akzeptierten sie seine selbstsüchtige Lebensweise. Die mit ihm nicht blutsverwandten Ehemänner seiner Töchter sprachen von ihrem Schwiegervater als einem nicht unbegabten Faulpelz, launisch und ohne Durchhaltevermögen.

Mit einer Erkältung lag er zwei, drei Tage zu Bett, und als er eines Morgens von einer Enkelin gestützt zur Toilette ging, brach er zusammen und starb. Er war damals neunundsiebzig.

Seine Gebeine wurden im Familiengrab bestattet, auf dem Stein hatte sein Vater Iita das Haiku »Wissen schützt nicht vor Tränen – Chinapfeffer« einmeißeln lassen.

Im Sommer, etwa zwei Jahre nach seinem Tod, besuchte ich mit meiner Schwester meinen jungen Onkel in Sapporo. Meine Tante, stolz wie sie war, sah unsere Kontakte mit diesem Halbbruder nur ungern und machte meiner Mutter deswegen Vorwürfe.

Vor einigen Jahren mußte ich beruflich noch einmal nach Sapporo, und bei dieser Gelegenheit machten wir einen gemeinsamen Ausflug, und er zeigte mir die Ishikari-Ebene. Dabei sagte er: »Ich möchte mir Vaters Schrift und seinen Stil aneignen.«

Nach dem Abendessen hielt er einen Vortrag über die hervorragenden Eigenschaften und das originelle Design des russischen Heizsystems, das er selbst für sein Haus entworfen hatte, ansonsten sprach er nur noch von seiner schönen Frau, die er nach einer heftigen Romanze geheiratet hatte. Ich steckte mir zwei Walnüsse aus seinem Garten in meine Jackentasche, und zu Hause legte ich sie auf ein Bücherbord. Ab und zu nehme ich sie in die Hand, um sie zu betrachten. Was für merkwürdige Früchte es doch sind! Wie sie mit ihren Furchen an ein menschliches Gehirn erinnern.

DIE KUNUGI-EICHE

Ich schrieb, schon seit längerer Zeit sei ich zu dem Schluß gekommen, der wichtigste Grund dafür, daß mein Großvater keinen Erfolg hatte, sei darin zu suchen, daß er seine ernste und gutmütige Ehefrau vernachlässigt habe, doch in diesem Gedanken steckt noch einiges mehr.

Offensichtlich hat der Ausdruck »allgemeiner Erfolg« für mich einen irgendwie verdächtigen Beigeschmack. Und die Formulierung »ernst und gutmütig« ist auch nicht unproblematisch. Schließlich gab es ja in Wirklichkeit eine Tochter, die ihre rechthaberische Mutter nicht sehr liebenswert fand, und insofern könnte man vielleicht auch behaupten, daß Großvater ein ausgesprochen menschliches Leben geführt hat.

Ich glaube sogar, daß Großvater, wenn er denn sogenannten Erfolg gehabt hätte, als Person dementsprechend weniger reizvoll gewesen wäre.

Merkwürdig, aber etwa zu Großvaters Lebzeiten tauchten in der Literatur oft Versager als Hauptfiguren auf. Wenn ich mir Großvaters Gesicht vorstelle, fällt mir jedesmal ein Foto von Futabatei Shimei* in einem Mantel mit Pelzkragen, mit kleiner Goldrandbrille und Schnurrbart ein, und ich stelle mir dann vor, daß er ihn bis hin zu seiner Gestik und seinem Blick heimlich zu seinem Vorbild nahm und ihn sicherlich imitierte.

Futabateis Roman »Ziehende Wolken« erschien zwischen 1886 und 1888, und ich bin sicher, daß mein

Großvater, der damals ein junger Mann um die Zwanzig mit politischen und literarischen Ambitionen war, ihn gelesen hat. Daß ein literarischer Held wie der Utsumi Bunzō aus »Ziehende Wolken« damals tatsächlich existierte, hat mein Großvater mit seinem eigenen Leben unter Beweis gestellt. Mich fasziniert die Parallelität der Figuren.

Geht es etwa nur mir so, daß mir der Versager Utsumi Bunzō so viel lebendiger und menschlicher vorkommt als die berühmten Politiker der Meiji-Zeit?

Natürlich gibt es viele konkrete Details, in denen sich mein Großvater mit seinem Verhalten von Bunzō unterscheidet, und so lebt er in mir weiter.

Er war kein Mensch, der seine Frau, die die Moral auf ihrer Seite hatte und nie nachgab, von oben herab mit Machtanspruch unterdrückte. Ich habe, seit ich zurückdenken kann, in meiner Umgebung nie gewalttätige Männer erlebt, und ich konnte mir so wenig vorstellen, daß es Männer gibt, die Frauen schlagen oder treten, daß es mich drängte, dies mit eigenen Augen bestätigt zu finden, was dazu führte, daß ich sogar von mir aus versuchte, die andere Seite zu provozieren, um nachvollziehen zu können, wie sich ein solcher Angriff anfühlt.

Mag sein, daß dies der Grund dafür ist, daß ich während des Kriegs oft von meinen Lehrern und, seit ich verheiratet bin, oft von meinem Mann geschlagen wurde.

Unter dem Motto »Die gnädige Frau, Gebieterin und Ehekreuz« gab mein Großvater folgendes zum besten: »Wenn General Nogi* seiner Frau sagen würde, Krähen sind weiß, so hätte sie geantwortet, jawohl, Krähen sind weiß, aber du würdest sagen: Nein, Krähen sind schwarz.« Das sagte er in einem Unschuldston, halb Zurechtweisung, halb Klage, wobei offenblieb, ob sie der Frau von General Nogi oder seiner eigenen Ehefrau galt. Seine Frau und die Töchter setzten ein bitteres Lächeln auf.

Was hat diesen liebenswerten, ehrgeizigen jungen Kerl, der seinerzeit in einer Beamtenlaufbahn im Innenministerium Fuß zu fassen versuchte, dazu gebracht, am Dasein eines Versagers Vergnügen zu empfinden? Mir scheint, daß dies in einem zweifachen Sinn mit dem Charakter seiner Frau zu tun hat.

Es war nur allzu offensichtlich, daß er, der das Beamtenleben aufgegeben und das Familienvermögen verloren hatte, von seiner Familie wie auch von allen anderen als Gescheiterter, als Versager abgestempelt wurde, indessen er mit seinem immer etwas unbeholfen wirkenden Lächeln sich nacheinander in alle Frauen verliebte, denen er begegnete.

Er hatte nichts von einer borstigen Düsterkeit, und, obzwar arrogant, besaß er eine fast weibliche Sensibilität, bemüht, andere nicht zu verletzen; wenn er in die Enge getrieben wurde, riß er nicht die Augen auf und argumentierte, sondern er stellte sich schläfrig und blinzelte aus seinen halb geschlossenen Augen hervor. Das war seine Art, sich eher mit Rhetorik denn mit Logik zu behaupten.

Er war rundlich und von eher kleiner Statur und erinnerte mich irgendwie an einen Seehund; seine runden, etwas hervorstehenden kurzsichtigen Augen glänzten voller Neugier.

In meiner Zeit in Alaska sah ich Seehunde an warmen Frühlingstagen, wie sie sich, auf dem Rücken liegend, auf der Meeresfläche treiben ließen und ihr Mittagsschläfchen genossen, und mußte dabei jedesmal an meinen Großvater denken.

»Er hatte ein Talent, mit ernster Miene kuriose Sachen zu sagen und die Leute damit zum Lachen zu bringen«, erinnerte sich meine Mutter später, und sie dachte immer wieder gern daran, was er gesagt und wie komisch er sich verhalten hatte.

Auf die moralstrotzenden Argumente seiner Frau reagierte er mit Vernebelungstaktik und setzte schließlich immer seinen eigenen Willen durch, und so weinte meine Mutter oft um ihrer ernsten Mutter willen, und obgleich sie ihren Vater liebte, muß sie es gehaßt haben mitanzusehen, wie sich das Ego ihres Vaters immer wieder gegenüber der Mutter durchsetzte.

Auch daß er sein Leben lang auf die Regierung schimpfte, die eigenen Kinder aber gleichzeitig dem Bildungssystem dieser Regierung überließ, erfüllt mich im Nachhinein mit wahrhaft gemischten Gefühlen der Trauer.

Mittellos, wie er war, war es sicher nicht leicht für ihn, seine zwei Söhne zur Universität und alle drei Töchter aufs Lyzeum zu schicken, und daß er es dennoch durchsetzte, dürfte etwas damit zu tun haben, daß sich für ihn darin ein Traum verwirklicht oder auch, daß er wissend auf Chinapfeffer beißt, was ihm die Tränen in die Augen treibt.

Es gibt sicherlich viele, die wie ich dieses Problem der Anpassung an das System über mehrere Generationen hinweg verfolgt haben. Es gab eine Zeit, wo ich wirklich ernsthaft überlegte, ob ich für meine Erziehung dankbar sein sollte oder nicht. Wenn ich an die Schulbücher im

Krieg denke, in denen so merkwürdige Dinge standen, ist mir zum Heulen zumute.

Oft fühlte ich mich, als sei ich an einem Betrug beteiligt gewesen, weil unsere Eltern uns unsere Bildung durch den Staat zukommen ließen. Deshalb begegne ich Personen mit sogenannter hoher Bildung auch mit einer Portion Mißtrauen, und wenn ich denn über eine gewisse literarische Sensibilität verfügen sollte, so habe ich sie bestimmt nicht durch Wissen erworben, sondern durch die Begegnung mit Menschen, die mir emotionale Ergriffenheit vermittelt haben.

Meine Erziehung bis zu meiner Schulzeit oblag nicht so sehr meiner Mutter als vielmehr meiner Amme Omitsu, und die hatte nur die Grundschule besucht. Omitsu arbeitete fünf Jahre lang bei uns, bis zu ihrer Heirat, doch ich erinnere mich noch wie im Traum daran, daß sie mich mehrmals weinend in die Arme schloß. Weshalb sie traurig war, weiß ich nicht, doch ist mir dies als etwas Wunderschönes in Erinnerung geblieben. Sie besaß eine Art menschlicher Würde, und wenn ich später Menschen mit akademischer Bildung, aber ohne Würde, begegnet bin, mußte ich immer an Omitsu denken.

Meine Mutter, die auch nach ihrer Heirat und der Geburt der Kinder noch die Schule besuchte und ihren Hobbies außerhalb des Hauses nachging, kümmerte sich wenig um mich; das tat Omitsu, von der ich auch Schreiben lernte, und ich meine, daß sie es auch war, die mir die Fähigkeit vermittelte, beim Lesen etwas zu empfinden.

Wenn ich unerwartet vor dem Bilderbuch saß und sie hartnäckig fragte, warum Hänsel und Gretel denn in den Wald geschickt worden waren, schaute sie sehr verlegen drein, dachte an die verlassenen Kinder und an die Eltern, die ihre Kinder fortschickten, und Tränen traten ihr in die Augen – das war Omitsu.

Daß sie nur die Grundschule besucht hatte, lag einzig und allein daran, daß ihre Familie zu arm war; die jungen Männer in meiner Umgebung konnten dagegen das Schulgeld zwar aufbringen, aber sie hatten ständig ihre Mühe mit der Aufnahmeprüfung.

Mein Vater soll in der Meiji-Zeit drei Jahre hintereinander die Aufnahmeprüfung wiederholt haben. Von der Ersten Höheren Schule in Tōkyō angefangen, hatte er vergeblich an die Pforten verschiedener Höherer Schulen im ganzen Lande geklopft, und so schien er auch in den Augen seiner Kinder nicht sonderlich begabt zu sein.

Später meinte meine Mutter: »Es gab sicher gleichaltrige Kinder aus ärmeren Familien, die mit blutendem Herzen mitansahen, wie Vater es Jahr für Jahr wieder versuchte. Wenn die Menschen es fertigbrächten, ihre eigenen unbegabten Kinder zurückzustellen, um die begabten Kinder von anderen zu fördern, sähe es in dieser Welt sicher etwas anders aus«, murmelte sie und schlug den Blick nieder.

Aber auch meine Mutter ging nicht so weit, ihre Söhne von weiteren Versuchen mit der Aufnahmeprüfung abzuhalten und mit dem freigewordenen Geld die Kinder armer Leute zu fördern.

Ich selbst habe die Aufnahmeprüfung glücklicherweise nicht wiederholen müssen, denn ich fand eines Tages unter den vielen alten Übungsbüchern für die Aufnahmeprüfung, die bei uns zu Hause herumlagen, eines mit folgendem Satz im Vorwort: »Herr Soundso hat nach dreizehn Jahren vergeblichen Bemühens sein Ziel erreicht und die Aufnahmeprüfung für die Soundso-Hochschule in Tōkyō bestanden.« Das ist mir derart in die Glieder gefahren, daß ich gar nicht erst versuchte, eine Institution anzustreben, wo ich keine Chancen hatte.

Wenn ich nun aber stets eine Art von Skepsis gegenüber dem Erziehungssystem hegte, weshalb habe ich dann selbst noch im Ausland mich ewig lang in der Umgebung von Universitäten herumgetrieben?

Ich glaube nicht, daß mir die Wissenschaft liegt, und ich habe auch nie versucht, Wissenschaftlerin zu werden. Doch es gab zahllose Gelegenheiten, daß ich von dem Wissen, welches von Wissenschaftlern in mühevoller Arbeit erschlossen wurde, profitieren konnte, und so habe ich keinerlei Absicht, die Wissenschaft schlecht zu machen. Mir scheint jedoch, es kommt leider viel seltener vor, als man denkt, daß Wissenschaft oder Bildung zur positiven Ausstrahlung einer Person beitragen.

Meine Schwester hat eine Tochter, die ständig Flöte spielt und keinerlei Interesse daran hat, für eine Aufnahmeprüfung zu lernen. Auf eine Empfehlung hin wurde sie in die Gartenbauabteilung einer klosterähnlichen Internatsschule aufgenommen, die in der Umgebung keinerlei Zerstreuung bietet, und ist nun glücklich, daß sie Pflanzen hegen und pflegen darf.

Als Kind hat sie Eicheln von der Kunugi-Eiche aufgesammelt und im eigenen Garten eingepflanzt und täglich begossen, bis aus dem Pflänzchen allmählich ein großer Baum wurde, so daß meine Schwester inzwischen klagt, welche Mühe sie damit habe, immer die Blätter zusammenzufegen.

Gleichzeitig sagt sie aber auch, die Blätter eigneten sich sehr gut als Naturfarben, und deshalb habe sie den Baum noch nicht gefällt.

Die Kunugi-Eiche ist ein nutzloser Baum, und weil sie nutzlos ist und niemand sagt, das Holz ist gut, laßt sie uns fällen, wächst sie zu einem großen Baum heran, den man als heiligen Baum verehrt, und unter seinem schützenden Dach versammeln sich Menschen und ruhen sich aus – diese Worte eines alten Weisen gingen mir durch den Kopf, und ich frage mich, was meine liebenswerte Nichte eigentlich zu ihrem Tun veranlaßt hat. Und daß sie trotz ihrer Virtuosität auf der Flöte keinerlei Absicht hat, die Musikakademie zu besuchen, obgleich man ihr das in ihrer Umgebung nahelegt, finde ich großartig.

Meine Schwester wiederum betreibt alle möglichen Arten von Kunstgewerbe, aber sie will sich auf nichts spezialisieren, und wenn ich sie frage, weshalb sie sich nicht auf ein Gebiet konzentrieren wolle, sagt sie trocken: »Das würde mich sofort langweilen. Mir macht es Spaß, die unterschiedlichsten Dinge zu tun.«

Als meine Schwester noch jung war, lebte sie ziemlich lange bei uns in unserem neugegründeten Haushalt. Wir hatten noch wenig Einkommen. Sie stand als allerletzte auf und las dann den halben Tag lang Zeitung und Zeitschriften. Als ich mich darüber aufregte und sie aufforderte zu arbeiten, raffte sie sich auf und zog sich eine kunstgewerbliche Heimarbeit an Land, eine Art Hohlsaumstickerei. Nun zog sie aber an der falschen Stelle Fäden heraus, und es dauerte eine ganze Nacht, um sie wieder einzuziehen, doch der kostbare Leinenstoff war schließlich doch beschädigt, und so mußte ich nicht nur für ihre Mahlzeiten aufkommen, sondern sogar noch für sie den Stoff bezahlen.

Sie ruft mich ständig an, kritisiert per Ferngespräch meine Werke nach Strich und Faden und erzählt stolz von ihren Töchtern, mit dem Ergebnis, daß sie eine gewaltige Telefonrechnung hat mit dementsprechenden Auswirkungen auf die Familienfinanzen, doch da ich von mir aus nur selten anrufe, schilt sie mich einen Geizhals.

Wenn mein Vater bei seinen Kindern Eigenschaften wie Launenhaftigkeit oder Flatterhaftigkeit entdeckte, sagte er vorwurfsvoll: »Das stammt von eurer Seite«, womit er indirekt auf Mutters Vater verwies. Wahrscheinlich wußte Großvater, daß mein Vater ihn verachtete, aber genauso verachtete er ihn.

Es sah jedenfalls nicht so aus, als läge ihnen daran, einander zu ähneln, im Gegenteil, sie waren sichtlich bemüht, sich möglichst zu unterscheiden.

Fähigkeiten, die ihnen selbst abgingen, anerkannten sie am anderen, aber wenn die Frau und die Töchter, die zwischen ihnen standen, in ihrer Wertschätzung dem anderen zuneigten, mochte es bisweilen vorkommen, daß eine Art Angst und Furcht sie bis in die Nähe des Hasses aufeinander trieben. Daß es trotzdem nicht zu einer offenen Auseinandersetzung kam, ist dem Bemühen der Frauen zu verdanken, beide Seiten bei Laune zu halten.

Sie redeten in ausgesprochen höflichem Ton miteinander, was vielleicht ein Versuch war, die gegenseitige Abneigung im Zaume zu halten.

Zwischen beiden gab es kaum eine natürliche Zuneigung, und wenn ich mitanhörte, wie sie einander oberflächlichen Respekt erwiesen, schmerzte mich ihre traurige Verstellung.

Sie waren beide ehrlich und zum Theaterspielen nicht sonderlich geschickt, und beide waren sie darauf stolz, ein sogenanntes modernes Ego zu besitzen. Aufgrund ihrer Stellung in der Geschwisterfolge zum Familienoberhaupt prädestiniert, verließen sie beide ihre Familien, nur um sich in ihren späten Jahren nach der Geborgenheit in der Familie zu sehnen. Und ihre Kinder waren nicht so hart erzogen, um sie an diesen Widerspruch zu erinnern.

DER MANN
MIT DER ZERBROCHENEN NASE

Das Oberhaupt des Hauses im Ortsteil Jikkoku Nr. 18 des Dorfes Asahi im Kreis Inashiki in der Präfektur Ibaragi, in das mein Vater geboren wurde, war Yoshiyuki, der eingeheiratete Ehemann von Vaters ältester Schwester Kei. Meine Großeltern wohnten auf demselben Anwesen im Altenteil.

Wenn er sprach, war Yoshiyuki so laut, daß man immer dachte, er sei im Streit, doch ist dies eine Eigenart des Ibaragi-Dialekts, so daß es wahrscheinlich gar nicht ungewöhnlich war. In dieser lauten Sprechweise schwang die Autorität des Clanführers, aber auch menschliche Wärme mit.

Yoshiyuki stammte aus dem Hause Takano im Dorf Iijima im Kreis Sarushima. Seit mein Großvater Shiina Chūji den Familienvorstand übernommen hatte, schlitterte er von einer dubiosen Unternehmung in die nächste und brachte die Familie in solche Schwierigkeiten, daß man nicht mehr abwarten wollte, bis der einzige männliche Erbe, mein Vater Saburō, volljährig würde. So zwang die Verwandtschaft Chūji schließlich dazu, vorzeitig die Rechte des Familienoberhaupts abzutreten und sich zur Ruhe zu setzen.

Aufgrund der Bedeutung der chinesischen Zeichen, mit denen sie geschrieben werden, assoziiert man mit den Ortsnamen Jikkoku, Asahi und Inashiki Vitalität und

Fruchtbarkeit. Diese Region war eine Enklave des großen Daimyats Date. Im Vergleich zu anderen Regionen war hier die Steuer verhältnismäßig niedrig und das Bauernvolk wohlhabend. Die Familie meines Großvaters hatte seit langem mit dem Daimyo von Date in Verbindung gestanden, und so hatte bis zum Ende der Edo-Zeit das Anwesen Nr. 18 bestimmte offizielle Funktionen und Vorrechte inne. Es heißt, sie seien Nachfahren jenes Klans, der sich dem Daimyat von Date lange Zeit nicht unterwerfen wollte und erst Frieden schloß, als der Daimyo ihnen eine Tochter zur Braut gab.

Beim Familienfriedhof am Tenjin-Berg sollen sich auch historische Hügelgräber befinden, und in der Meiji-Zeit wurde die Familie mehrmals gebeten, die Erlaubnis für Ausgrabungen zu geben, doch Chūji lehnte jedesmal ab.

Chūji wurde im Jahre Ansei 3 (1856) geboren und übernahm im Jahr Meiji 21 (1889) den Familienvorstand. Seine Frau Kuma war eine Ishizuka aus dem Dorf Kukizaki, und sie sorgte dafür, daß ihre Enkelin, die älteste Tochter von Yoshiyuki und Kei, in ihre eigene Familie einheiratete. Chūjis jüngere Schwester wiederum heiratete in die Familie Tsurumachi in Arakawa, einem Bezirk des heutigen Tōkyō, ein, aber die Frau ihres Sohnes stammt wiederum aus der Familie Ishizuka. Dieses mehrfache Hin- und Her-Heiraten in der Familie meines Vaters bringt mich immer durcheinander.

Mein Großvater Chūji, an den ich mich noch erinnern kann, war ein eher unansehnlicher alter Mann von dumpfem Betragen, der im derben Ibaragi-Dialekt sprach, der für mich wie eine Fremdsprache klang.

Als er jung war, kam er von einem Ausritt manchmal

nicht zurück, sondern kehrte erst heim, nachdem er das Geld verbraucht hatte, das er für den Verkauf des Pferdes erhalten hatte. Als dann sein Vater Kyūjiemon starb, begann er, all die Dinge in die Tat umzusetzen, von denen er auf seinen Ausritten immer geträumt hatte.

Es war eine Zeit, in der ganz Japan nach »Zivilisation und Aufklärung« fieberte.

Chūji träumte als erstes vom Tee-Export. Um sich Rat zu holen in den komplizierten Export-Formalitäten oder über Methoden des Ankaufs von den Produzenten, versammelte er um sich Möchtegern-Experten, die sich als Bannerträger der neuen Zeit ausgaben, und warf mit Geld nur so um sich; er ließ einen Trockenspeicher errichten, und, neugierig wie er war, erschien er höchstpersönlich dort und gab Anweisungen.

Dem Hörensagen nach soll sein Name unter den Tee-Exporteuren aus Yokohama an zweiter Stelle stehen, aber nachgeprüft habe ich dies nicht.

Warum er das Geschäft dann aufgegeben hat, weiß ich nicht, aber wahrscheinlich hielt sein Kapital nicht mehr vor, und vor allem schien er nicht viel Gewinn zu machen.

Sein Interesse für den Tee behielt er jedoch für den Rest seines Lebens, und bis zu seinem Tode unterhielt er Teefelder und produzierte für den Eigenbedarf. Als ich klein war, bekamen wir jedes Jahr Tee für ein ganzes Jahr zugeschickt, und so dachte ich als Kind, Tee sei etwas, das man in jedem Haushalt aus einer großen Teekiste holt und in kleinere Behälter umfüllt.

Mein Vater, der zu Chūjis Lebzeiten großzügiges Teetrinken gewöhnt war, merkte nach dessen Tod, daß er sich diesen Luxus nicht weiter würde leisten können. Als er dann aber aus eigenen Kräften wieder finanziell dazu in der Lage war, ließ er die Teehändler ins Haus kommen, kaufte einmal im Jahr einen ganzen Jahresbedarf ein und genoß es, mit ihnen über den Tee zu fachsimpeln. Als ich ein kleines Mädchen war, kamen die Teehändler zum Verkauf und blieben den ganzen Tag zu Klatsch und Tratsch, und mein Vater verbrachte den halben Tag mit Teeproben, wobei er je nach Teesorte die Aufgußdauer nicht an der Uhr, sondern an seinem eigenen Puls ablas.

Doch nicht nur beim Tee, sondern auch bei Hauptnahrungsmitteln und Brennmaterial sei der Bedarf einmal im Jahr zu decken, meinte mein Vater und kaufte folglich, nachdem er sich zuvor informiert hatte, von bestimmten Bergen und Feldern einen Jahresvorrat an Reis, Brennholz, Holzkohle und verschiedenen Getreidesorten und Hülsenfrüchten ein. Auch Bohnenpaste ließ er herstellen. Dazu benötigten wir einen großen Metallbehälter für den Jahresvorrat an Reis und Hütten für die Holzkohle und das Brennholz, wie es für einen normalen Haushalt eigentlich nicht üblich war. Dieser Stil galt Mitte der fünfziger Jahre in Japan sowohl in den Haushalten im Dunstkreis der Städte wie auch auf dem Lande schon als einigermaßen exzentrisch, und meine Mutter klagte, das sei schrecklich unwirtschaftlich, aber mein eigenwilliger Vater sagte: »Mit dem Geld, das ich verdiene, mach' ich, was ich will. Halt dich da raus.« Von den Sojabohnen angefangen bis zu den kleinen roten Bohnen bestimmte er jeweils selber den Erzeugerhof, von dem er sie kaufte, und er freundete sich umgehend mit den Bauern an.

Oft pflegte mein Vater bei Krankenbesuchen einen Umweg zu machen, um sich mit eigenen Augen zu vergewissern, wie es um die Ernte stand, und er genoß es, mit den Ackersleuten lange plaudernd am Feld zu stehen.

Der Verbrauch unseres Haushalts, der einschließlich der Bediensteten höchstens zehn Personen umfaßte, war begrenzt, und daß er trotz aller Verschwendung diesen Stil vorzog, hing damit zusammen, daß er das direkte Alltagsgespräch mit den Produzenten so sehr mochte. Und in dieser Marotte wird wohl auch etwas von dem verträumten Charakter seines Vaters Chūji, den man kaum einen Geschäftsmann nennen konnte, sichtbar.

Chūji hatte nicht nur wenig Erfolg mit dem Tee-Export, sondern er soll danach alle möglichen kuriosen Unternehmungen in Angriff genommen haben; so versuchte er sich nacheinander an der Produktion von landwirtschaftlichen Geräten, an einer Reisschälerei und einer Mühle und anderem mehr, all dies Geschäfte, die in einem Bauerndorf ein neumodisches, modernes Flair ausstrahlten.

So ließ er eine sogenannte Maschine bauen, wie die Dorfbewohner sie noch nie gesehen hatten, die sich dröhnend drehte, kaufte weitere dazu und versammelte selbsternannte Ingenieure und Experten, mit denen er die abstrusesten Pläne ausheckte. Doch seine Art war wie die eines Kindes, das ein Spielzeug nach dem anderen verbraucht und seiner sofort überdrüssig wird. Als er die Reisschälerei aufmachte, gab er sie sofort wieder auf, als jemandem die Hand in die Maschine geriet, und er stieß die Poliermaschine für eine lächerliche Summe wieder ab.

Doch er betätigte sich nicht nur als Unternehmer, sondern fungierte auch als Sponsor für eine reisende Schauspieltruppe, die er auf dem eigenen Anwesen Vorstellungen geben ließ. Außerdem gestattete er Missionaren der russisch-orthodoxen Kirche, dort zu predigen. Es hieß, er sei selbst auch getauft, aber solange ich ihn kannte, hat er nie vom Christentum geredet. Kurz vor seinem Tod jedoch überlegten seine Angehörigen, ob er nun christlich oder buddhistisch bestattet werden sollte, insofern kann die Geschichte mit der Taufe nicht ganz erfunden sein. Er besaß auch eine Ikone mit der Signatur eines gewissen Nikolaj.

Seine Frau Kuma sagte: »Ich möchte nicht ins Paradies der Christen, das ich gar nicht kenne. Ich will viel lieber ins buddhistische Paradies, wo Lotosblumen blühen, und dort kann ich meine Eltern und Geschwister wiedersehen.« Darauf erwiderte er: »Gut, ich komme mit dir. Allein würdest du dich einsam fühlen. Und die beiden Paradiese sind wahrscheinlich auch gar nicht so anders, das ist wie der Unterschied zwischen Lilien und Lotos.« Also waren die Angehörigen beruhigt, und seine Beerdigung ging buddhistisch, nach dem Ritus der Shingon-Sekte, vonstatten.

Chūji und Kuma lebten beide lange, er wurde 87, sie 86. Kuma starb etwa ein halbes Jahr vor ihm. Als meine Großmutter Kuma starb, war ich im sechsten Grundschuljahr und fuhr von Tōkyō aus zur Beerdigung. Im Jahr zuvor hatte der Pazifische Krieg begonnen, und mein Vater, der im Marinekrankenhaus in Shanghai arbeitete, konnte nicht zugegen sein.

Ich fuhr also mit meiner Familie zum Geburtshaus meines Vaters in Jikkoku und erlebte zum erstenmal den Tod eines Menschen. Als wir ankamen, waren Familie und Verwandte schon am Lager der Kranken versammelt. Großmutter redete im Dämmerzustand wirres

Zeug. Sie starrte ihrer am Kopfende sitzenden Schwiegertochter, meiner Mutter, ins Gesicht und sagte: »Was ist denn an dieser häßlichen Frau wohl dran?«

Die Angehörigen meinten, sie habe meine Mutter wohl mit der ehemaligen Geliebten ihres Mannes verwechselt, aber mir wollte diese Geschichte lange nicht aus dem Kopf gehen. Da sie es beim Anblick der Ehefrau ihres leiblichen Sohnes sagte, könnte es auch als Tadel gegenüber seiner Abwesenheit gedeutet werden, dachte ich später.

Aber wie dem auch sei, die unheimliche Energie im Körper einer Sechsundachtzigjährigen, die kurz vor ihrem Tod solche Worte ausspricht, brannte sich tief in mein Gemüt ein.

In meiner Erinnerung aus Kindertagen weinte Großmutter leicht, sie war unnachgiebig und mürrisch. Aber das war vielleicht ihre Art, ihrem Mann zu begegnen, der sich seit seinen Jugendjahren nach Herzenslust austobte und schließlich, von der Verwandtschaft mit dem Etikett »verrückt« versehen, gezwungen wurde, sich vorzeitig aufs Altenteil zurückzuziehen. Es muß ein tiefer sitzender Groll als nur die alltäglichen kleinen Reibereien in der Ehe gewesen sein, der sie dazu brachte, sich so auszudrücken.

Als ich allmählich begann, diese Dinge wahrzunehmen, waren meine Großeltern schon über achtzig; was ich also bisher erzählte, entnahm ich den mit Seufzern durchsetzten Kommentaren aus ihrer Umgebung, die sicherlich einiges an Übertreibung enthielten. Die wirre Anklage der alten Frau auf dem Totenbett aber ist die Wut einer lebenden Zeugin.

Als mein Vater bei der Marine war, verbrachte er lange

Zeit auf See, und in dieser Zeit wohnte ich mit meiner Mutter und meiner jüngeren Schwester zusammen mit den beiden auf dem Altenteil. Damals schalt Großmutter ihn ununterbrochen.

Meine Mutter bewunderte, wie Großvater diese Schelte einfach ignorierte.

»Man mag sagen, was man will, ich finde, er war nett zu seiner Frau. Jeden Tag hat er das Bettzeug ausgelegt, morgens wieder aufgeräumt und es regelmäßig in die Sonne gehängt, und auf der Veranda hat er ihr die Schultern massiert«, erzählte Mutter meinem Vater. Sei es, weil sie immer Romane las oder vielleicht, weil sie es von den eigenen Eltern übernommen hatte, meine Mutter Mutsuko beschrieb solche Szenen, selbst wenn es sich um Familienmitglieder handelte, in einem sachlich-distanzierten Erzählton.

Das alte Paar wohnte auf dem Altenteil, der aus einem großen Lehmboden- und Dielenbereich und vier Tatamimattenzimmern bestand. Das Essen wurde ihnen vom Haupthaus, wo Tochter und Schwiegersohn wohnten, herübergebracht. Im Wohnzimmer, wo es eine in den Boden eingelassene Feuerstelle gab, konnten sie auch Kleinigkeiten für sich zubereiten. Aber sie brauchten nicht für sich zu kochen.

Für das Essen kamen die Erben im Haupthaus auf, aber da das alte Paar völlig mittellos dastand, schickte ihnen ihr Sohn Saburō, mein Vater, monatlich zwanzig Yen als Taschengeld. Wir schreiben noch die frühe Shōwa-Zeit, und für Chūji, dessen elementare Bedürfnisse befriedigt wurden und der sich auch keine großen Wünsche mehr erfüllen mußte, reichte diese Summe offenbar aus; manchmal gab er das Geld heimlich hinter dem Rücken seiner Frau alten Bekannten, die in Not waren. Kuma gebrauchte das Geld für Geschenke an die Enkelkinder, und als sie sich bei Chūji beschwerte:

»Du leihst Geld an Leute, die dir nichts zurückzahlen können«, antwortete dieser:

»Ich hab's verschenkt. Wenn man nichts geben will, sollte man auch kein Geld verleihen.«

Nicht nur beim Geld, sondern auch bei Gegenständen oder Hilfsleistungen erwarte man nicht, etwas zurückzubekommen, war offenbar die Lehre, die er am Ende seines Lebens für sich gezogen hatte. In seinen letzten Jahren wurde er äußerst wortkarg. Manchmal übte er noch allein für sich das Schwertfechten, das er seit seiner Jugend betrieben hatte, und er sprach fast nur noch mit kleinen Kindern. Mit ihnen machte er den ganzen Tag Hüpf- und Hinkelspiele.

Schweigend massierte er seiner Frau die Schultern, kochte Wasser und goß Tee auf, machte die Betten und ließ das Gezeter seiner Frau wie eine vertraute Musik, ohne Unmut zu zeigen, an seinen Ohren vorbeiströmen.

Kurz bevor er als Familienoberhaupt zum Rücktritt gezwungen wurde, rang er sich zu der Überzeugung durch, der Boden gehöre dem, der ihn bebaue. So begann er eine Art Landreform, doch als er daraufhin vom Familienrat streng zurechtgewiesen wurde, verließ er Frau und Kind und verschwand drei Jahre lang spurlos.

Heutzutage gibt es dafür den Ausdruck »verdampfen«. Unter der Verwandtschaft, die schon länger unter seinen Marotten gelitten hatte, setzte sich nun die Meinung durch, wenn er auch noch den eigenen Grundbesitz weggeben wolle, müsse man ihn schnellstens durch Versetzung aufs Altenteil davon abhalten.

Wo er sich in der Zwischenzeit aufhielt, ist nicht bekannt; nach drei Jahren aber wurde er zufällig von jemandem aus der Nachbarschaft gesichtet, der ihn unter den Hafenarbeitern in Yokohama wiedererkannte, und aufgrund dieses Hinweises wurde er in Gewahrsam genommen und wieder nach Hause gebracht.

Seiner eigenen Aussage nach mochte er nicht mehr in diesem Japan leben, sondern wollte nach Amerika, ins Land der Freiheit und Gleichheit, und ganz von vorn anfangen, und so wollte er sich selber die Überfahrt verdienen.

»Jetzt ist Großvater tatsächlich verrückt geworden ... Hast du überhaupt eine Ahnung, was ich allein mit den Kindern durchgemacht habe?« redete Kuma auf ihren Mann Chūji, den man nach Hause zurückgebracht hatte, ein, aber er war gar nicht bei der Sache. Chūji machte immer den Eindruck, als sei er in Gedanken ganz woanders.

Aber weshalb ging er eigentlich nie mehr weg, nachdem man ihn zurückgebracht hatte? Was hatte er in den drei Jahren unterwegs gelernt? War die Arbeit im Hafen für ihn zu schwer gewesen? Jedenfalls verstummte er und äußerte nie wieder eine eigene Meinung.

Allerdings erzählte er von den Sitten und Gebräuchen der Ausländer, die er in Yokohama erlebt hatte, fertigte Zeichnungen von westlicher Kleidung an und wies seine Frau an, solche Kleider für die jüngste Tochter zu nähen.

Er selbst verzichtete aufs Pferd und fuhr als erster im Dorf Fahrrad, und seine Tochter war die erste im Dorf, die westliche Kleider trug.

Kuma war eine geschickte Näherin, und nicht zuletzt

aus eigener Neugierde fertigte sie nach den Zeichnungen ihres Mannes diese sogenannte westliche Kleidung an, die sie noch nie zuvor gesehen hatte, und schickte ihre Tochter darin zur Schule.

»Wenn ich in diesen Kleidern zur Schule ging, verfolgten mich auf dem Schulhof alle Schüler, so daß ich vor Scham am liebsten im Boden versunken wäre, sagte meine Mutter.« Dies erzählte meine Cousine. Die jüngste Tochter Hisano, die in die westlichen Kleider gesteckt wurde, ist die jüngere Schwester meines Vaters.

Hisano habe ihm in der ganzen Volksschulzeit alle seine Hausaufgaben gemacht, sagte mein Vater Saburō, er habe sich nur für Fischen und Vogelfang interessiert.

Wenn Saburō mit einem gefangenen Vogel nach Hause kam, wies Kuma ihn unter Tränen zurecht: »Das arme Tier, laß es doch fliegen. Jeder hat nur ein Leben. Hör doch, wie er piept!«

Im Jahr vor seinem Tod besuchte mich mein Vater für eine Woche in meinem Landhaus auf der Halbinsel Izu: Er beobachtete einen piependen Fliegenfänger, der mit dem Schwanz auf und ab wippte, und ahmte das Piepen nach.

»Ich hab meinen Ranzen immer in der Schule gelassen, die ganzen sechs Jahre hab ich ihn nie heimgebracht«, sagte mein Vater, schaute mir gerade ins Gesicht und meinte: »Du siehst Hisano sehr ähnlich.«

Wenn ich als Mädchen mit Verwandten meines Vaters zusammentraf, sagten sie immer überrascht: »Wie ähnlich du Hisano siehst! Wie aus dem Gesicht geschnitten«, und ich stellte mir dann vor, was diese Tante, die damals schon nicht mehr lebte, wohl für ein Mensch gewesen sei.

Hisano besuchte das Jissen-Lyzeum und war eine Lieblingsschülerin der Schulgründerin Shimoda Utako. Nach ihrer Heirat veranlaßte Hisano ihren Ehemann, einen Offizier, zum Austritt aus der Armee, und gemeinsam gründeten sie in Tsuchiura ein privates Lyzeum.

Saburō dagegen, der sich seine Hausaufgaben von Hisano hatte machen lassen und nur Dummheiten im Kopf hatte, fiel bei der Aufnahmeprüfung für die Mittelschule durch. Er besuchte ein Jahr lang die Oberstufe der Grundschule weiter und schaffte schließlich mit Mühe und Not die Aufnahme in die Mittelschule von Tsuchiura, doch nach einem Jahr blieb er sitzen, also wechselte er an eine private Mittelschule in Tōkyō über.

Chūji störte sich nicht daran, wie oft sein Sohn auch durchfiel und sitzenblieb: »Ob man sich beeilt oder sich Zeit läßt, das Leben bleibt dasselbe. Am schlimmsten ist es, wenn man nicht das tun kann, was man möchte«, sagte er.

Die Familie von Yoshiyuki, seinem Adoptivsohn und zugleich Ehemann seiner ältesten Tochter Kei, wies mehrere Generationen von Ärzten auf, und als Chūji erfuhr, daß Yoshiyukis Vater bei Philipp Franz von Siebold studiert hatte, adoptierte er Yoshiyuki, den fünften Sohn der Takanos, zumal er noch um zwei eigene Kinder trauerte, die gestorben waren. Er finanzierte ihm das Studium, um ihn auch Arzt werden zu lassen.

Die Idee mit der Landreform hatte Chūji von Tolstoj übernommen. Wann und wo er von Tolstoj erfahren hatte, ist nicht bekannt, aber als meine Mutter meinen Vater heiratete und einen ausländischen Roman nach dem anderen las, erzählte ihr Schwiegervater ihr oft von Tolstoj und befragte sie zu seinen Werken.

»Hat er vielleicht über die russischen Missionare von ihm gehört, die auf seinem Grundstück predigen durften? Er erzählte zum Beispiel, Tolstoj habe die Mägde geschwängert oder er sei noch im Alter von über achtzig von zu Hause weggegangen«, sagte meine Mutter. In letzter Zeit meine ich den Grund begriffen zu haben, weshalb mein Großvater und mein Vater Tolstoj so verehrten – er war ein Mensch, der das Böse stets umkreiste und sich dessen stets bewußt blieb.

Am Tag, als meine Großmutter beerdigt wurde, wirkte die Gestalt meines siebenundachtzigjährigen Großvaters, der gedankenverloren im sanft strömenden Regen vor dem aufgeworfenen Grabhügel stand, wie eine merkwürdige Statue. Als ich später Rodins »Mann mit der zerbrochenen Nase« sah, fiel mir unwillkürlich das Gesicht meines Großvaters im Regen ein.

Chūji war ein bäuerlicher, nicht gerade gutaussehender Mann. Und das merkwürdige Erscheinungsbild, das er manchmal abgab (jedenfalls für mich als Stadtmenschen), führte dazu, daß es mir peinlich war, wenn meine Freundinnen und andere in diesem Greis meinen Großvater erkannten.

Doch es ging nicht nur mir so; auch seine Töchter schienen sich ihres Vaters, der sein Aussehen vernachlässigte und sein Gegenüber in Verlegenheit brachte, weil er die Erwartungen seiner Mitmenschen mißachtete, zu schämen und baten ihn, nicht vor den Gästen zu erscheinen, und sein Sohn sagte zu seiner Frau: »Laß doch, die werden denken, er sei ein Knecht.«

Aber als ich etwa zwölf oder dreizehn war, fing ich an, ihn als eine Art Statue aus Stein zu sehen, die, reglos und unzerbrechlich, uns ständig im Blick hat. Selbst wenn er nicht anwesend war, schien er stets hinter uns zu stehen und uns mit einer unerklärlichen Kraft zu beeinflussen.

Ganz im Gegensatz zu Shōsaku, meinem Großvater mütterlicherseits, der aufgrund seiner städtisch-verfeinerten Redeweise recht intellektuell wirkte, war er wortkarg und regungslos wie ein Erdklumpen, und als ein solcher Mensch hat er sich mir dauerhaft eingeprägt.

Er erzählte von sich aus nie von seiner Vergangenheit, und er gab auch keinen Kommentar zum Tagesgeschehen ab. Nur selten äußerte er anderen gegenüber seine Meinung, aber als sein Sohn verkündete, er wolle eine Frau aus einer anderen Provinz heiraten, brach er entgegen dem heftigen Widerstand der Verwandtschaft dorthin auf, machte sich mit eigenen Augen ein Bild und gab seine Zustimmung.

Wenn seine Tochter sich beschwerte, das neu eingestellte junge Dienstmädchen sei zu dick geschminkt, sagte er: »Das Schminken sollten wir doch ihr überlassen.«

Meine Mutter erzählte, er habe ihr nur einmal ein selbstverfaßtes Kurzgedicht gezeigt – »Die Ehe sollte harmonieren, spielet mit den Kindern« –, ansonsten hätte ihr Schwiegervater ihr gegenüber keinerlei Verhaltensmaßregeln geäußert.

Seine Frau, die Töchter und die Schwiegertochter waren allesamt Personen, die ihre Meinung nur allzu deutlich kundzutun wußten, und so gab es in meiner familiären Umgebung nirgendwo den unentschlossenen, schwächlichen Typ von Frau, der seinerzeit noch das allgemeine Bild der Frau bestimmte. Ich konnte als kleines Mädchen also gar nicht nachvollziehen, was damit gemeint war.

Die Extrovertierten unter ihnen setzten sich lautstark auseinander, die Schweigsamen behaupteten sich wortlos. Sowohl unter den Männern wie auch unter den Frauen dieser Familie gab es viele, die leidenschaftlich weinten, und wenn ich anderen Menschen begegnete, kamen sie mir im Vergleich dazu immer merkwürdig ausdruckslos vor; irgendwie fehlte etwas. Mitsu, die älteste Schwester meines Vaters, sagte zu meiner Mutter: »Du und deine Schwester, ihr habt den einzigen Sohn aus unserer Familie entführt, und deshalb hasse ich euch beide so sehr, daß ich euch zerreißen könnte. Statt dessen zerreiße ich jetzt dies hier, damit ich nicht die schreckliche Sünde begehe, mich an dir zu vergreifen und dich zu verletzen«, und damit zerriß sie mit einem lauten Ratsch vor den Augen ihrer Schwägerin ihren nagelneuen Ausgehkimono. Erschrocken fragte Mutter meinen Vater: »Sag mal, ist deine Schwester verrückt?«, doch er meinte: »Wer so etwas fertigbringt, weiß meistens genau, was er tut.«

Diese Tante war, wie gesagt, ziemlich hysterisch, aber gleichzeitig war sie auch fast hysterisch lieb; einerseits verängstigte sie ihre Schwägerin mit derartigen Aktionen, andererseits aber hat sie sich auch wirklich treu um meine Familie gekümmert, und als die erste Frau meines Vaters an Lungentuberkulose erkrankte, stellte sie aus ihren nicht gerade üppigen Mitteln das Geld für den Kauf eines Hauses am Meer bereit, wo sich die Kranke erholen sollte, und sie sorgte für meinen damals noch kleinen Halbbruder wie für ihr eigenes Kind.

Meine Mutter hat mit dieser Schwägerin oft weinend gestritten, sich aber sofort wieder mit ihr vertragen, und die beiden standen einander näher als manche Blutsverwandten. Gemeinsam mieteten sie ein Sommerhaus und verbrachten darin die Ferien.

Nachdem Chūji bis auf das eigene Anwesen den gesamten ererbten Grundbesitz verloren hatte und als Familienoberhaupt entrechtet worden war, so daß er nicht mehr frei über das Vermögen verfügen konnte, nahm er eines Tages sämtliche Schiebefenster und die Tür des Gartenhauses ab und schenkte sie einer armen Familie. Als Grund gab er an, die armen Leute hätten Kranke und Kinder in ihrer Hütte, aber keine vernünftigen Fenster und Türen, während das Gartenhaus auf dem eigenen Anwesen doch von niemandem genutzt würde.

Aus Mitgefühl gegenüber dem Nachbarhaus, das nahe am Zaun den ganzen Tag im Schatten eines jahrhundertealten großen Baumes stand, kletterte er eines Nachts, während seine Tochter und der Schwiegersohn schliefen, auf den Baum und sägte fast alle Äste ab. So verdarb er es mit den eigenen Kindern, denen der Garten sehr viel bedeutete.

Dieser Garten, der eine Fläche von etwa 30 000 Quadratmetern hatte, galt ungeachtet seiner ländlichen Abgeschiedenheit als berühmter Privatpark der Region, und oft kamen Gartenarchitekten zur Besichtigung. Der Schwiegersohn achtete peinlich darauf, daß das Moos nicht beschädigt würde, was ihm so wichtig war, daß er es sich zur Aufgabe setzte, jeden Morgen stundenlang eigenhändig an besonders exponierten Stellen Gartenpflege zu betreiben.

Yoshiyuki bemühte sich, den Garten wieder schön herzurichten, der durch das Wandertheater oder die Missionare, die dort mit Chūjis Erlaubnis ihre Zelte aufgeschlagen hatten, verwüstet war.

Chūjis Vater Kyūjiemon hatte das jahrhundertealte Haus – keiner der Alten im Dorf konnte sagen, wann es erbaut worden war – so gepflegt, daß, wie man sich erzählte, die Bediensteten es bis an die Decke putzen mußten. So reinlich, oder anders gesagt, so rücksichtslos war er, doch als Chūji an die Reihe kam, verfiel es; nach Meinung der Leute im Dorf war es zu einem Schuppen heruntergekommen.

So gesehen, war Chūji ein schwarzes Schaf, eine Mutation in der Generationenfolge, die mit rauhen, merkwürdigen Taten Aufsehen erregte.

Anders als Shōsaku, mein Großvater mütterlicherseits, der seinen Töchtern viele fast literarisch zu nennende Briefe hinterließ, schrieb Chūji nur ein, zweimal im Jahr einen Brief von wenigen Zeilen.

Auch im Alter übte er noch fleißig Schwertfechten. Ab und zu besuchten ihn Schwertfechter zum gemeinsamen Wettstreit, und bei solchen Gelegenheiten versammelte sich fast die ganze Dorfgemeinschaft um die mit einem Bambuszaun abgetrennte Kampfarena und schaute zu.

Schwertfechter kamen schon in den Kindheitstagen meines Vaters oft ins Haus, und er erzählte, daß fast ständig Fremde im Haus übernachteten. Ich vermute, daß diese Fechter genau wußten, daß Chūji sie beherbergen und ihnen Reisegeld zustecken würde, und ich nehme an, sie haben ihn ganz eigennützig siegen lassen.

Wenn in der Verwandtschaft ein nicht so hübsches Kind geboren wurde, sagten alle seufzend: »Das schlägt Großvater Chūji nach«, und schüttelten den Kopf.

Am Tag, als Großvater Chūji starb, lag Schnee. In der Beerdigungsprozession ging eine alte, mir unbekannte Frau mit, die sich an mich heranmachte und mir zumurmelte: »Das war Gott.« Was diese alte Frau mit unserer Familie zu tun hatte, wußte ich nicht. Ich war damals gerade erst aufs Lyzeum gekommen.

Über die Worte, die mir die alte Frau zumurmelte, habe ich seither immer wieder nachgedacht, und ich kam zu dem Schluß, sie könnten keinesfalls bedeuten, daß Chūji ein gottähnlicher Mensch war. Vielmehr war in seinem Leben, wie er es siebenundachtzig Jahre lang führen konnte, eine Vorsehung am Werk, die nur den Namen Gott verdient.

AAL

Mein Vater, der im Jahr Meiji 27 (1894) geboren wurde, zog vermutlich um das Jahr Meiji 40 nach Tōkyō, um dort die Mittelschule zu besuchen.

Seine drei leiblichen Schwestern und der Adoptivbruder Yoshiyuki waren bereits dort, führten einen gemeinsamen Haushalt und gingen zur Schule. Doch ihren einzigen Sohn Saburō wollte meine Großmutter Kuma möglichst lange in ihrer Nähe behalten, daher schickte sie ihn in die örtliche Mittelschule von Tsuchiura. Doch da er bereits im ersten Jahr sitzengeblieben war, blieb ihr nichts anderes übrig, als ihn nach Tōkyō auf die Schule zu schicken.

Nun mußte Saburō aber, solange er die Mittelschule besuchte, täglich zwei Meilen, also acht Kilometer, pro Strecke zu Fuß zurücklegen, so daß er, wie ich vermute, vor Erschöpfung kaum lernen konnte.

Vielleicht war mein Vater deswegen sein Leben lang ein Frühaufsteher und ging früh zu Bett; sein Tag begann immer um fünf Uhr. Er machte meiner Mutter stets Vorwürfe, die bis spät abends las und morgens nicht aus dem Bett kam.

Wenn er sagte: »Meine Mutter stand um fünf Uhr morgens auf, weil ihr Sohn um sechs zur Schule mußte«, antwortete meine Mutter ihm vom Bett aus:

»Du Armer! Kein Wunder, daß du sitzengeblieben bist, wenn du täglich sechzehn Kilometer marschieren mußtest!« und maulte: »Ich möchte einmal morgens länger schlafen, ohne daß neben mir das Radio läuft.«

Heute erreicht man den Bahnhof Ueno in Tōkyō von Tsuchiura aus in nur einer Stunde, und unmerklich hat sich die Region zum Einzugsgebiet der Metropole entwickelt, doch es heißt, daß man damals, wenn man nach Tōkyō wollte, einmal übernachten mußte.

Der größte Teil der Strecke bestand aus Wasserwegen und führte über Seen und die Flüsse Tonegawa, Nakagawa, Arakawa und Sumidagawa sowie über Kanäle, und am Ende landete man in Ryōgoku in der Unterstadt von Tōkyō.

Die fünf Geschwister einschließlich Saburō wohnten gemeinsam in der Umgebung von Ichibeizaka im Stadtbezirk Azabu und besuchten von dort aus die Schule. Ichibeizaka liegt dort, wo sich heute die amerikanische Botschaft befindet. Neulich erwähnte Professor Seidensticker Ichibeizaka, als wir über einen Literaten der Meiji-Zeit sprachen. So höre ich achtzig Jahre später diesen so altvertrauten Namen aus dem Munde eines ausländischen Japanologen!

Der Lebensunterhalt und das Schulgeld für die fünf Geschwister kam einmal im Jahr per Schiff in Form einer Ladung Reissäcke. Yoshiyuki, dem Ältesten, fiel die Aufgabe zu, den Reis nach Bedarf zu verkaufen, um ihn in Bargeld zu verwandeln, von dem sie dann ihren Alltag bestritten. Chūji besaß damals offenbar noch genug Grundbesitz, um die fünf Kinder einschließlich des Adoptivsohns Yoshiyuki in Tōkyō studieren zu lassen. Anscheinend gab es damals noch den Brauch, den Reis nicht an Ort und Stelle in Bares umzusetzen, sondern ihn als Naturalie nach Tōkyō zu transportieren.

Jedesmal, wenn von dieser Zeit die Rede war, stöhnte meine Mutter: »Wenn man einen Mann heiratet, der über zehn Jahre älter ist, muß man sich dran gewöhnen, Steinzeitgeschichten mitanzuhören.« Und als ich meinen Mann heiratete, der nur ein Jahr älter ist, beneidete sie mich: »Ihr habt dieselbe Zeit erlebt, habt gemeinsame Themen und ähnliche Gefühle.«

Ein oder zweimal im Jahr kamen meine Großeltern aus Jikkoku, um ihre Kinder in Ichibeizaka im Bezirk Azabu zu besuchen, und es war üblich, daß sie dann gemeinsam ins Theater oder Variété gingen. Später, als ich mit meinen drei Geschwistern gemeinsam in der Stadt Niigata lebte, besuchten uns meine Eltern jedes Wochenende von ihrem außerhalb der Stadt liegenden Haus aus, und zusammen gingen wir ins Kino oder aßen gegrillten Aal.

Obwohl die Entfernung mit dem Bus nicht mehr als eine halbe Stunde betrug, ließen meine Eltern uns in einem Haus in der Stadt wohnen, was vielleicht damit zu tun hat, daß mein Vater sich an diesem Muster von früher her orientierte.

Mein Vater sagte immer: »Kommt, wir essen Aal«, und wahrscheinlich haben sie auch damals in Tōkyō, wenn sie sich wiedersahen, immer Aal gegessen.

Jikkoku lag nicht unweit vom Kasumigaura-See in einer Region mit zahlreichen Sümpfen und Flüssen, und da Süßwasserfische eine typische regionale Spezialität waren, führte meine Mutter den Brauch, Aal zu essen, auf diese Verbindung zur Heimat zurück. Meine Mutter jedoch war am Meer aufgewachsen, wo die Fischersfrauen allmorgendlich lebende Meerestiere zum Verkauf anboten und wo sie es gewohnt war, ihren Einkauf persönlich auszusuchen. Meine Mutter sagte also: »Wenn es nach mir ginge, würden wir Sashimi essen!«, und ich dachte mir als Kind: Das ist ja wie in der Äsopschen Fabel von der Stadtmaus und der Landmaus!

Meine Eltern unterschieden sich nicht nur in ihrer Vorliebe für bestimmte Gerichte, sondern auch in ihrer Art, sich in andere hineinzudenken.

Daß Saburō und Mutsuko so ganz unterschiedlich auf die sogenannte moderne Zeit und die Erfordernisse eines »modernen Ego« eingingen, hat sicherlich etwas damit zu tun, wie die Generation vor ihnen, die Paare Chūji und Kuma sowie Shōsaku und Kisa, ihrer Heimat entfremdet waren.

Chūji war zwar einmal von zu Hause weggelaufen, aber man brachte ihn wieder zurück, und er beendete sein Leben im eigenen Geburtshaus, das schon zig Generationen überdauert hatte. Shōsaku hingegen verbrachte die meiste Zeit seines Lebens an verschiedenen Orten in der Fremde, und erst ganz am Schluß kehrte er heim und starb.

Auch Saburō verließ seine Heimat, und wie er in seinen späten Jahren selbstironisch äußerte, ließ er sich nach seinen Wanderjahren im Geburtsort seiner Frau nieder. Nach ihrem Tod aber zog er wieder fort und beendete sein Leben in Hamamatsu, wo sein Sohn arbeitete und wo er zuvor noch nie gewesen war.

Zeit seines Lebens aber stand meinem Vater der Tsukuba-Berg aus seiner Heimat vor Augen, und er sehnte sich nach der großzügigen Weite, die diese Landschaft evozierte.

Nun nimmt sich diese großzügige Offenherzigkeit mitsamt den feudal geprägten zwischenmenschlichen Beziehungen des alten Systems, wenn man sie von der

Spitze der Pyramide, einer Großstadt oder auch Hauptstadt aus, nein, auch schon von einer mittleren Ebene aus betrachtet, nur noch derb aus, ohne jegliche Feinheit und Weitsicht, wie der sprichwörtliche Frosch im Brunnen, der die Welt nicht kennt.

Andererseits erscheint dem, der, wie sehr er auch als Provinzler verachtet wird, über die Windungen seines heimatlichen Dialekts mit einer langen Ahnenreihe in Verbindung steht und sich in eigenständig aufgebauten Überzeugungen bewegt, die Großstadt nur als Zuflucht der Entwurzelten, als Fata morgana aus künstlichen Blüten.

Wie erging es meinen Eltern? Auf jeden Fall versuchten Saburō und Mutsuko, jeder für sich, das Bild ihrer Heimat an sich zu binden, und später fingen sie an, das Leben von Entdeckern zu führen, die die verschiedensten Gegenden erkunden, doch zunächst einmal suchten sie jeder für sich ihren Weg.

Für die junge Mutsuko mußten die mondänen Geschichten über Gott und die Welt, die ihr der Vater, mit einer neuen Frau aus Tōkyō heimgekehrt, erzählte, wie ein frischer Wind in den Ohren klingen.

Saburō wiederum kam nach Tōkyō und traf dort mit seinen fleißigen Geschwistern zusammen, die er lange nicht gesehen hatte, und offenbar beschloß er, von nun an selber fleißig zu lernen. Die Mittelschule schaffte er gerade noch, aber wie oft er auch die Aufnahmeprüfung für das Gymnasium wiederholte, er fiel immer wieder durch. Nach dem alten japanischen System besuchte man fünf (manchmal vier) Jahre lang die Mittelschule, dann drei Jahre lang das Gymnasium und ging dann noch drei Jahre zur Universität. Aber damals gab es weniger als zehn staatliche Gymnasien im ganzen Lande, und die jungen Leute waren überzeugt, wenn sie das Gymnasium absolviert hätten, sei ihre Zukunft gesichert. Saburō aber war hiermit offensichtlich überfordert, und so gab er schließlich den Gedanken auf, ein staatliches Gymnasium und anschließend die Kaiserliche Universität zu besuchen.

Als Saburō Tōkyō endlich verließ und in die Medizinische Fachschule in Niigata eintrat, zählte man das Jahr Taishō 4 (1915), und er war bereits einundzwanzig Jahre alt. Legt man das damalige Schulsystem zugrunde, so muß er mindestens drei Jahre hintereinander die Aufnahmeprüfung für das Gymnasium wiederholt haben.

Im Jahr, als er sein Studium an der Medizinischen Fachschule aufnahm, bestand er auch die Aufnahmeprüfung in die Höhere Schule für zivile Seefahrt, aber er zog die Medizin vor. Wegen seiner Kurzsichtigkeit hätte er sich nämlich nur in der Abteilung für Maschinenbau einschreiben können. Wenn man aber bedenkt, daß er später Arzt bei der Marine wurde, so muß er wohl schon damals den Wunsch gehegt haben, zur See zu fahren und fremde Länder zu sehen. Weder bei der Heeresakademie noch bei der Marineakademie hat er sich je beworben, daher wollte er wohl ursprünglich gar kein Offizier werden.

Saburō hatte unter dem Einfluß seines Vaters Chūji von klein auf Schwertfechten gelernt, und zu diesem Zeitpunkt hatte ein unglückliches Schicksal den als genialen Schwertfechter bekannten Hotta Sutejirō nach Niigata verschlagen. So ist denkbar, daß Saburō Niigata aus diesem Grund zum Studienort wählte. Während seines Studiums an der Medizinischen Fachschule wohnte er in Hottas Haus und assistierte ihm beim Training, daher ist zu vermuten, daß er das Schwert einigermaßen führen konnte. Wenn er jedoch vom Fechten sprach, ließ er vieles aus, denn er hegte Zweifel am Kampfsport, und wenn ich ihm als Kind zuhörte, kam es mir immer so vor, als ginge es dabei eher um Philosophie.

Sein Wunsch, fremde Länder zu erleben, ging vielleicht auf den unerfüllten Traum seines Vaters Chūji zurück. Als ich ihm nach dem Krieg eröffnete, daß ich ins Ausland ziehen würde, sagte er nur beiläufig »Ach so«, und schaute in die Ferne.

DAS RAUNEN DER BERGE

In unserem Haus gab es, als ich klein war, noch Kleider und andere Gegenstände, die Takiko, der ersten Frau meines Vaters, gehört hatten, und meine Mutter Mutsuko, die gleichzeitig Takikos jüngere Schwester war, erzählte mir oft Geschichten über diese Dinge.

Wahrscheinlich kommt es nicht häufig vor, daß eine Hausherrin als zweite Frau ihres Mannes es zuläßt, daß Gegenstände im Haus an die erste Frau erinnern, auch wenn diese schon verstorben ist.

Mutsuko liebte ihre früh verstorbene Schwester sehr, und sie betonte ständig, daß sie auf Bitten ihrer Schwester, weil diese ihr leidtat, in dieses Haus gekommen sei.

Wenn Mutsuko von Takiko sprach, schwang nie auch nur eine Spur von Eifersucht mit, und je älter ich wurde, desto ungewöhnlicher kam mir dies vor. Aber im übrigen neigte sie auch sonst nicht dazu, auf andere Frauen eifersüchtig zu sein.

Andererseits war mein Vater Saburō ein merkwürdiger Mann, der sich darüber ärgerte, daß Mutsuko keine Eifersucht zeigte; er litt dauernd unter irgendeiner völlig aus der Luft gegriffenen Wahnidee und war seinerseits außergewöhnlich eifersüchtig.

Wenn Mutter die Kleidung von Takiko – zum Beispiel einen prachtvollen Ausgehkimono mit farblich abgestimmter violetter Gürtelschärpe und einem gleichfarbigen Haori-Überwurf – zum Lüften ausbreitete, erinnerte sie sich mit Bewunderung an die eigene Schwester, die solche Farben so kühn wie elegant zu tragen wußte.

Takiko hatte klare Gesichtszüge und soll sich kaum geschminkt haben, doch wenn man ihre Kleider sieht, so waren diese bis in die unscheinbarsten Details hin von einer überaus effektvollen, konsequent raffinierten Schlichtheit.

Saburō, der diese Frau drei Jahre lang umworben hatte, bis er sie schließlich heiraten durfte, scheint sich danach mit aller Energie in sein Studium gestürzt zu haben. Seine Abschlußnoten waren mit Abstand die besten; hing das etwa damit zusammen, daß er später Marinearzt wurde? Daß er kurz vor seinem Abschlußexamen den Beschluß faßte, zur Marine zu gehen, lag sicherlich nicht daran, daß er an die Finanzierung seiner weiteren Ausbildung und an den Lebensunterhalt dachte, denn schließlich hatte er bis dahin drei Jahre lang gefaulenzt.

»Ich bin nicht so intelligent, daß ich mich zum Wissenschaftler eignen würde, dachte ich. Zur Marine bin ich gegangen, weil ich die große weite Welt sehen wollte. Damals war es verdammt schwer, von der Marine zum Vertragsstudenten ausgewählt zu werden«, erzählte er, doch wahrscheinlich entsprach eine solche Wahl sehr wohl den Ambitionen von ehrgeizigen jungen Männern in seiner Zeit. Nachdem Saburō den Weg über das staatliche Gymnasium auf die Kaiserliche Universität nicht geschafft hatte, reizte ihn wahrscheinlich das Prestige der Kaiserlichen Marine. Aber wie schon erwähnt, bewarb er sich nie bei der Heeres- oder der Marineakademie, und wenn man sich dies und auch sein weiteres Leben vor Augen führt, so hatte diese Entscheidung wahrscheinlich doch einen recht komplexen Hintergrund. So kann es sehr wohl sein, daß er auch deshalb in die Marine eintrat, um den allzu konservativen Verhältnissen in seiner Umgebung zu entfliehen.

Er war nicht sonderlich rebellisch, aber er schien es irgendwie zu vermeiden, zur eigenen Heimat und Verwandtschaft, aber auch zur Heimat und zur Familie seiner Frau eine aktive Verbindung zu halten. Seine Art der Verweigerung war wohl die Kehrseite seiner Sehnsucht nach der Natur seiner Heimat, fast so etwas wie ein Haß auf das eigene Fleisch und Blut, aber es war wohl auch das starke Verlangen eines jungen Mannes nach einer großstädtisch-individuellen Welt.

Mutsuko heiratete Saburō im Alter von zweiundzwanzig und wohnte anschließend ein halbes Jahr mit ihm in einem kleinen Fischerdorf an der Südspitze der Halbinsel Izu, wo er im Marinehospital von Minato arbeitete. Auf ihrer Hochzeitsreise übernachteten sie in einer japanischen Herberge namens Kikuya im Badeort Shuzenij, und Mutsuko konnte nicht vergessen, daß das Zimmermädchen in dieser Herberge so unfreundlich gewesen war.

Damals gab es auf der Halbinsel Izu noch keine Eisenbahn, allerdings, soweit ich weiß, eine Schiffsverbindung zwischen dem Hafen von Shimoda und Tōkyō, aber es war noch eine ziemlich gottverlassene Gegend. So gottverlassen, daß es nichts zu tun gab, und so kaufte sich Mutsuko von den literarischen Serien, die damals herauskamen, eine nach der anderen und verbrachte die Tage mit Lesen. Die Reihen Gesammelte Werke der japanischen Gegenwartsliteratur vom Verlag Kaizōsha, Gesammelte Werke der Meiji- und Taishō-Literatur vom Shunyōdō, die bei Shinchōsha erschienenen Gesammelten Werke der Weltliteratur oder die Reihe Romane der japanischen Literatur, die Gesammelten Schriften der Philosophie der Welt sowie die Reihe Dramen der Weltliteratur vom Verlag Shunjūsha nahmen bei uns zu Hause in einem Raum, den wir Studierzimmer nannten, neben den medizinischen Fachbüchern meines Vaters recht viel Platz ein. Ich bin damit aufgewachsen, daß ich mir einen Band nach dem anderen, der mir zusagte, herauszog und ihn las.

Daneben gab es auch noch Gesammelte Werke von einzelnen Autoren wie Victor Hugo, Natsume Sōseki oder Higuchi Ichiyō. Vermutlich hat sie auch diese damals der Reihe nach angeschafft, wie sie sie vorfand, als die preiswerten Gesamtausgaben auf den Markt kamen, aber es ist kaum anzunehmen, daß sie das alles durchgelesen hat. Ja, ich glaube fast aufgrund meiner eigenen Erfahrung, daß solche Reihen nicht unbedingt dem Käufer, sondern eher der nachfolgenden Generation zugutekommen.

Auch Mutsuko konnte seit ihrer frühen Kindheit beobachten, wie ihr Vater, der sein studentenhaftes Benehmen seinen Lebtag lang nicht ganz ablegte, jedesmal, wenn er ausging, sich mehrere Neuerscheinungen in die Kimonobrust schob, und dieser Großvater Shōsaku war noch mit den alten japanischen Büchern in der traditionellen Heftung, wie er sie im Speicherhaus vorfand, aufgewachsen.

In den von ihr erworbenen Reihen hatte Mutsuko recht viele Romane gelesen, und als ich später selber anfing, mich damit zu beschäftigen, wurde sie für mich zu einer wichtigen Freundin, mit der ich mich darüber austauschen konnte.

Als Kind war ich frühreif und hatte keine gleichaltrigen Freundinnen, mit denen ich mich darüber hätte unterhalten können, und so blieb meine Mutter für lange Zeit meine einzige literarische Freundin.

Während des Krieges, als ich die unteren Klassen des Lyzeums besuchte, wurde ich oft von den Lehrern ermahnt, ich läse zu viele Erwachsenenbücher, und ich weiß noch, daß man mir Bücher von Flaubert und Maupassant wegnahm.

Es war eine merkwürdige Zeit, in der man die westliche Literatur sowie die liberale japanische Literatur seit der Meiji-Zeit für nicht genehm erklärte, an der klassischen japanischen Literatur aber ungeachtet ihres Inhalts nichts auszusetzen hatte, also nahm ich mir Werke wie die altjapanische Gedichtsammlung »Manyōshū« oder die Saga von den kämpfenden Geschlechtern Taira und Minamoto mit in die Schule und las westliche sowie moderne japanische Literatur zu Hause.

Ein großer Teil der soeben erwähnten alten Gesamtausgaben wurde im Krieg auseinandergerissen, und nun, da meine Eltern beide tot sind, sind nur noch wenige davon in meinem Besitz, aber ich hänge an diesen Büchern, auch wenn die Reihen unvollständig sind. Und es hat für mich einen besonderen Erinnerungswert, zu sehen, was erhalten und was nicht mehr vorhanden ist.

Bald darauf wurde Saburō ans Marineministerium nach Tōkyō versetzt, daher wurde ich in Tōkyō geboren und wuchs dort auf, doch meine Mutter war von der Zeit in dem abgelegenen Fischerdorf tief beeindruckt, und sie hat uns Kindern immer wieder von damals erzählt. Lange noch malte ich mir den Küstenort Minato, den ich noch nie gesehen hatte, wie eine Märchenwelt aus.

Kürzlich besuchte ich die Herberge Kikuya in Shuzenji, wo ich allerdings, da nicht vorangemeldet, nicht übernachten konnte, und auch Minato, das sich mittlerweile zu einem Ferienort mit Badestrand gemausert hat, und kam mir dabei wie der Fischer Urashima im Märchen vor, der nach langer Zeit an einen vertrauten und ihm inzwischen ganz fremdgewordenen Ort zurückkommt.

Wenn eine junge Frau aus der Stadt in Minato vor mehr als fünfzig Jahren am Strand spazierenging, liefen die Kinder der Fischersleute zusammen und folgten ihr wie einem auffälligen Ausländer. Mutsuko freundete sich schnell mit diesen Kindern an. Sie schauten von den Felsen am Strand gemeinsam ins Wasser hinunter, und Mutsuko lernte von ihnen die Namen und viele Einzelheiten über das Leben der Meerestiere, sei es Oktopus oder Tintenfisch, die sich im klaren Wasser tummelten.

Zu einer Zeit, als Grammophone noch selten waren, sammelte sie täglich die Kinder um sich und spielte ihnen Schallplatten vor, gab ihnen Süßigkeiten und erzählte ihnen Märchen; daher waren ihr auch die Fischersleute sehr dankbar und freundlich gesonnen.

Doch irgendwie rochen diese Geschichten von Mutsuko nach einem banalen Eigenlob, und ich fühlte mich dabei an Szenen aus meiner Jugend erinnert, die ich während der amerikanischen Besatzung verlebte. Ich fand auch die japanischen Kinder, die die Besatzungssoldaten umringten und um Kaugummi anbettelten, ziemlich abstoßend, und das Ganze war der Szene in dem armen Fischerdorf nicht unähnlich.

Nach dem Umzug nach Tōkyō besuchte Mutsuko eine teure Schneiderschule, übrigens die erste ihrer Art für westliche Kleidung in Japan, sowie eine Englischschule, und sie gab dies auch nicht auf, als ich drei Jahre nach der Hochzeit geboren wurde, sondern vertraute mich der Obhut einer Kinderfrau an.

Bis zu ihrem dreißigsten Lebensjahr trug Mutsuko oft westliche Kleidung und hatte einen frechen Kurzhaarschnitt, der beträchtliche Aufmerksamkeit erregte. Man sagt, sie sei mehrmals, als sie auf der Ginza spazierenging, von einer Filmgesellschaft angesprochen worden.

Ihre Schneiderei und Handarbeiten waren allmählich von fast professioneller Qualität, und da sie außerdem kreatives Talent bei den Entwürfen zeigte, stand sie bei der Direktorin ihrer Schule hoch im Kurs, aber andererseits konnte Mutsuko den Gedanken nicht loswerden, daß eine Tochter aus gutem Hause sich nicht mit einem solchen Beruf abgeben sollte.

Selbst als ich später die Tsuda-Frauenuniversität besuchte, sagte sie zu mir: »Bitte werde bloß nicht berufstätig. Ich könnte das nicht mitansehen«, und sie war einzig darauf bedacht, mich gut zu verheiraten. Doch was heißt eigentlich: gut verheiratet? Ihrer Vorstellung nach sollten Frauen, gleich, wie seriös dieser Beruf auch sei, nur dann einem Broterwerb nachgehen, wenn sie noch nicht verheiratet oder Witwe waren. Wenn Mutsuko von einer berufstätigen Frau sprach, schwang immer etwas Verachtung in ihrer Stimme mit, und nach meinem Universitäts-Abschlußexamen behauptete sie, ich hätte es nicht nötig, mich um eine Stelle zu bewerben. Sie fand es peinlich, denn aus ihrer Sicht deutete es auf ein Versagen der Eltern, wenn die Tochter einer Arbeit nachging. Diese Denkweise war damals natürlich nicht unbedingt außergewöhnlich, und so hatte ich, jung wie ich war, in dieser Zeit des allgemeinen Wandels gewisse Schwierigkeiten, mich zu orientieren.

Die Ansichten meiner Mutter verunsicherten mich nicht nur, sondern ich wurde regelrecht neurotisch. Wenn ich mich in meiner Umgebung umschaute, so traf ich fast nur auf Menschen, die arbeiten mußten, ob sie wollten oder nicht. Und diese Menschen waren es schließlich, die mit ihrer Arbeit für das allgemeine Wohl sorgten. Außerdem fand ich, daß das Unglück der Frauen zu einem großen Teil daraus herrührte, daß sie ihr Schicksal nicht in die eigene Hand nehmen konnten.

Je öfter ich die Ermahnungen meiner Mutter über mich ergehen lassen mußte, desto deutlicher erkannte ich, daß sich hinter ihren banal klingenden Behauptungen auch menschliche Begierde verbarg, und das machte mir Angst.

Frauen sind dazu geschaffen, Kinder zu gebären und sie aufzuziehen, und Frauen wie Kinder sind gierige, gefräßige Wesen, die auf Kosten der anderen, der Männer, leben. Wenn dem nun so sei – und Mutsuko war fest davon überzeugt –, dann habe auch das Sprichwort »Frauen und Kinder sind schwer zu versorgen« aus männlicher Sicht seine Berechtigung, und es käme nur darauf an, als Frau lächelnd davon zu träumen, daß sich ein potenter Mann in sie verliebe. Eine Frau, die selbst etwas erreichen will, würde nie einen fähigen Mann finden. Ein glänzendes Talent ist nur dazu da, um Männer anzuziehen.

Mutsuko war in vieler Hinsicht eine Frau voller Widersprüche, so konservativ wie avantgardistisch und so bodenständig wie süchtig nach Dekadenz, und plötzlich war sie wiederum radikal skeptisch. In jenen Jahren, als man die jungen Frauen in westlicher Kleidung *moga** nannte, waren die Schülerinnen der Schneiderschule junge Frauen aus reichen Familien, die keinerlei Selbstzweifel plagten und die allesamt davon träumten, bei prächtigen gesellschaftlichen Anlässen Abendkleider mit Dekolleté zu tragen.

Was man unter dem Begriff der Englischschule genau zu verstehen hat, weiß ich nicht, aber es handelte sich wohl um eine besondere Sprachenschule, die hauptsächlich von Gymnasiasten und Studenten von Fachschulen oder Universitäten zusätzlich besucht wurde. Unter den Schülern gab es nur zwei Frauen. Man begann zunächst in der untersten Klasse und wurde dann aufgrund von Leistungsprüfungen individuell eingestuft.

Zwei, drei Jahre später befand sich Mutsuko bereits an der Spitze der obersten Leistungsstufe. Ihr Englisch war tatsächlich viel besser als meins – ich hatte an der Universität keine guten Englischnoten –, und auch im Alter las sie noch Romane auf Englisch. In meiner Studienzeit habe ich sie oft um Rat gefragt, wenn ich einen englischen Text nicht verstehen konnte.

Saburō behagte es offenbar, daß sich seine junge Ehefrau vom Typ eines *moga* so frei entfaltete. Mutsuko bekam damals oft Liebesbriefe von jungen Studenten und erzählte in aller Offenheit und Naivität ihrem Mann davon, was sie später bereute, denn vermutlich war dies der Grund für Saburōs Wahnvorstellungen im Alter.

Als Nesthäkchen war Mutsuko unbekümmert, wie ein verträumtes junges Fräulein, und in Sachen Erotik recht naiv.

In der Nachkriegszeit habe ich mit meiner Mutter einmal einen witzigen französischen Film mit dem Titel

»Die sieben Hauptsünden« gesehen. Darin gab es eine Episode, wo in einer stürmischen Nacht ein Reisender in einem Bauernhaus Schutz vor dem Regen sucht und zum Abendessen köstlichen Käse vorgesetzt bekommt und anschließend mit dem Gastgeberpaar das einzige Bett im Hause teilt, in der Mitte die üppige Ehefrau. Der Gast findet in dem engen Bett nicht die rechte Ruhe und bewegt sich mehrmals. Daraufhin wirft die üppige Bäuerin einen Blick auf ihren laut schnarchenden Ehemann, schmiegt sich lächelnd an den Fremden und flüstert ihm zu:

»Sie müssen tun, wonach Ihr Herz begehrt, sonst schadet's Ihrer Gesundheit.«

Der Mann faßte sich ein Herz, setzte sich im Bett auf, und ermuntert durch die Worte der grinsenden Frau, schlich er sich leise in die Küche. Weil er immer an den wunderbaren Käse vom Abendessen denken mußte, hatte er nicht einschlafen können. Bei der Großaufnahme des Gesichts des Mannes, wie er genüßlich den Käse kaute, brach das Kinopublikum in lautes Gelächter aus. Mutsuko aber, die auch gern aß, strahlte übers ganze Gesicht, als hätte sie selbst den Käse erbeutet, und in ihrer liebenswürdigen Einfalt meinte sie: »So einen Käse würd' ich auch gern essen!« Ich mußte mein Lachen unterdrükken.

Als ich mich mit meiner Schwester über meine Mutter lustig machte – ich habe diese Geschichte wiederholt zum besten gegeben –, zog meine liebenswerte Mutter verschämt die Schultern ein und sagte: »Erzählt das bloß nicht Vater. Der ist viel zu anständig.«

Seither hegte ich gewisse Zweifel am Leseverständnis meiner literaturbegeisterten Mutter, aber ihr kleinmädchenhaftes Wesen war mir gleichzeitig eine große Hilfe. Und mir wurde klar, daß es ihre auf den ersten Blick so freie Unbekümmertheit war, die ihren Ehemann Saburō in Bewunderung und Erstaunen versetzte.

Nach üblichem Verständnis war Mutsuko intelligent und sehr vielseitig begabt, Saburō dagegen ungeschickt, und er mußte sich immer anstrengen, bezogen auf ihre Sensibilität aber war Saburō viel tiefsinniger und eher zum Künstler geeignet. Er befürchtete, daß andere Mutsukos Unbekümmertheit mißverstehen könnten, und in seinem Bemühen zu vermitteln und die Dinge zurechtzurücken wirkte er oft unsicher und komisch. Jetzt, wo beide tot sind, wirkt diese Szenerie auf mich vertraut wie die heiter-friedlichen Berge im Frühling oder wie das Raunen der Berge im Sommer.

Mein Vater erinnerte sich auch nach dem Krieg noch gern an die dreißig Jahre, die er bei der Marine verbracht hatte, aber er war jemand, der in all den Jahren nie seine Uniform trug, außer, wenn er im Dienst war. Er trug Anzug und Filzhut, und wenn er sich japanisch kleidete, legte er zum Kimono immer die formelle Rockhose an; selbst zum Spaziergang oder beim abendlichen Gang zum Rummelplatz war er so formal gekleidet. Als ich klein war, schaute ich oft voller Bewunderung zu, wie mein Vater die Hosenrock-Schärpe nach Samurai-Art zaubertrickartig akkurat zu binden wußte. Daß meine Mutter, die ihre Finger geradezu hysterisch genau gebrauchte, ihn dennoch ungeschickt schalt, wollte mir nicht einleuchten.

Andererseits kam es durchaus vor, daß Vater, wenn er zu Hause war, eine rote Frauenschärpe zu seinem Kimono anlegte, und wenn dann plötzlich Besuch auftauchte, mußte meine Mutter mit dem Herrengürtel hinter ihm herlaufen. Wahrscheinlich genoß er das eigene komische Aussehen und freute sich, wie seine Frau darüber in Panik geriet.

Vaters Vorliebe für Zivilkleidung hielt sich auch, als er im Ausland tätig war, und auf den zahlreichen Fotos aus den fremden Städten sieht man ihn fast immer im Anzug. Als ich neulich mit einem Bekannten von Vater aus seiner Zeit als Direktor des Marinehospitals von Shanghai telefonierte, erzählte dieser:

»Ihr Vater trank kaum Alkohol, aber wir sind oft zusammen chinesisch essen gegangen, und ich war jedesmal derjenige, der über den Durst trank und ihn damit in Schwierigkeiten brachte. Wenn wir in die Stadt gingen, trugen wir beide meist Zivil. Eines Abends, in der Nähe einer Marineanlage, mußte ich mich übergeben, und Ihr Vater hat mir beigestanden. Da entdeckte uns eine japanische Militärstreife, und wir wurden zur Rede gestellt. Ihr Vater sagte nur, er sei Arzt und arbeite in dem Krankenhaus dort drüben, er versorge gerade einen Freund. Ich dachte mir: Warum sagt er denn nicht, daß er der Chef des Marinekrankenhauses ist?«

Den Unternehmungsgeist, mit dem Chūji und Kuma, Shōsaku und Kisa in der Aufbruchstimmung kurz nach der Meiji-Restauration ihr Leben gestalteten, betrachteten Saburō und Mutsuko mit kühlem Abstand. Zwar hatten sie von ihnen eine Prise Romantik, eine Art ironischer Sentimentalität, mitbekommen, doch wie ich es sehe, paßten sie sich im großen und ganzen den gesellschaftlichen Machtverhältnissen an. Und weil sie sich anpaßten, hatten sie ein gebrochenes, kompliziertes Verhältnis zu Instanzen wie Staat und Individuum.

Zumindest Saburō, so vermute ich, war davon überzeugt, daß sich die Machtverhältnisse mittlerweile schon so verfestigt hätten, daß er nicht mehr im Stil seines Vaters hätte weitermachen können. Jedenfalls gab es zwischen der Generation meiner Großeltern und der meiner Eltern eigenartige Kontinuitäten und Brüche.

Von beiden Großelternpaaren, die in ihrer Jugend und in ihrem frühen Erwachsenenalter den japanisch-chinesischen Krieg und auch den japanisch-russischen Krieg erlebt hatten, habe ich kaum je einen konkreten Hinweis auf diese Kriege gehört. Ob das wohl daran lag, daß diese beiden Kriege, anders als der Pazifische Krieg, den wir erlebt hatten, unvergleichlich viel weniger Japaner unmittelbar betroffen und beeindruckt hat?

Irgendwie empfinde ich die Kühle, mit der sie darüber hinweggingen, als ein bewußt emotionsloses, distanziertes Schweigen.

Hat diese ihre Haltung womöglich damit zu tun, daß sie in den Augen der nächsten Generation nicht gerade als erfolgreich galten? Oder war es umgekehrt ihre Mentalität, die verhinderte, daß sie erfolgreich waren, und war diese Mentalität möglicherweise eine Art kulturelles Erbe, das sie aus der Vergangenheit übernommen hatten und an die Spätergeborenen weitergeben würden? Möglicherweise ist das, worüber sie sich ausschwiegen, jene zeitüberdauernde Realität, die in uns immer weiterlebt.

Haben sie einfach nicht verstanden, oder wollten sie nichts sagen? Vielleicht dachten sie, wenn eins ausgesprochen wird, so erscheint das andere als Lüge. Sie gehörten zwar nicht zu denen, die sich ein klares Weltbild zurechtzimmerten und Karriere machten, aber immerhin lebten sie mehr als achtzig Jahre und hatten dabei Gelegenheit, den Aufstieg anderer aus der Nähe zu verfolgen.

Ich selbst habe seit meiner Kindheit nie die Erfahrung gemacht, was es heißt, ohne zu zweifeln geradlinig eine Idee immer weiter zu verfolgen. Das Gefühl meiner Großeltern, letztlich doch versagt zu haben, übertrug sich auf die nächste Generation in der Form, daß meine Eltern zum Typ des Intellektuellen tendierten. Und ich bin, so scheint mir, in einer Atmosphäre groß geworden, in der leise nach den Beweggründen hinter all dem großen und kleinen Weltgeschehen gefragt wird.

Ich wuchs in der Nachkriegsdemokratie auf, die noch von der Vorkriegszeit geprägt war, doch wenn ich daran denke, welch seltsamer Wandel sich seither vollzieht, fällt mir immer das Lied ein, das mein Vater, der eigentlich keinen Alkohol vertrug, bei gesellschaftlichen Anlässen sang, wenn er ums Trinken nicht herumkam – das Lied der kaiserlichen Armee im Kampf gegen das Tokugawa-Schogunat kurz vor der Meiji-Restauration:

> »Mein Prinz, mein Prinz, was flattert denn
> Vor Eurem Pferd?
> Das ist die Fahn' des Kaisers, wußtet
> Ihr's denn nicht, die
> Uns gebietet, die Abtrünn'gen
> Zu vernichten.
> Wohlan! Wohlan!«

Bis etwa zu seinem vierzigsten Lebensjahr fuhr er oft auf Kriegsschiffen mit und blieb lang auf See.

Er begleitete auch die kaiserlichen Prinzen Takamatsu und Kuninomiya als Militäroberarzt auf einer Auslandsreise. Während der langen Reise auf dem Kriegsschiff sollen sie, so erzählte er, in der Offiziersmesse getanzt haben. Was für einen Anblick müssen diese tanzenden Männerpaare geboten haben! »Prinz Kuninomiya tanzte am besten«, sagte Vater, schaltete das Grammophon an, das er bei dieser Gelegenheit im Ausland gekauft hatte, und tanzte mit meiner Mutter.

Von all den Platten, die er aus dem Ausland mitgebracht hatte, hörte meine Mutter am liebsten die mit dem Geiger Mischa Elman und legte sie immer wieder auf.

Den ganzen Krieg lang stellten meine Eltern nie Fotos der kaiserlichen Familie oder einen shintoistischen Hausaltar auf. Damals wurde in der Volksschule oft davon gesprochen, wie man mit den Dingen umzugehen habe, die für jeden Haushalt obligatorisch waren, und daß wir zu Hause nicht hatten, was in allen Familien selbstverständlich war, bereitete mir ein schlechtes Gewissen. Auch daß man, wie meine Eltern es taten, zu Hause Schallplatten auflegte und ausländische Tänze tanzte, war ziemlich undenkbar, und weil ich mich für meine Eltern schämte, hütete ich mich, draußen davon zu erzählen.

An offiziellen Feiertagen wie dem Reichsgründungstag, dem Kaisergeburtstag und dem Meiji-Gedächtnistag mußte Vater seine sämtlichen Orden anlegen und an den Feierlichkeiten teilnehmen. Einmal lockerte sich anscheinend ein Befestigungshaken für die Orden, und er ließ im Auto, das ihn abholen sollte, die ganze Ordenreihe liegen. Glücklicherweise entdeckte sie der Fahrer und brachte sie ihm wieder, aber gewiß hat man in seiner Umgebung oft über diesen Schafskopf von Mann gelästert.

»Daß euer Vater seine Orden im Auto vergessen hat, dürft ihr niemandem erzählen«, ermahnte mich meine

Mutter. Ich war damals gerade eingeschult worden, und erst jetzt gebe ich diese Geschichte preis.

Wenn ich es recht bedenke, so habe ich nach und nach genau das gesagt und getan, was mir meine Eltern verboten hatten, um mich dadurch gleichsam der Bedeutung des Verbots zu vergewissern. Mit welcher Miene mögen meine toten Eltern dort im Jenseits mitanhören, was ich erzähle? Auch ich werde irgendwann einmal Ähnliches von meiner Tochter zu hören bekommen. Ja, ich kann es fast schon hören.

DAS LÄMMCHEN IN DER HÖHLE

Von klein auf war mir beigebracht worden, daß es sich für Kinder, von besonderen Anlässen abgesehen, nicht schickt, Erwachsene zu begleiten, wenn sie ausgehen, und daß sie auch nicht vor den Gästen zu erscheinen hätten.

Ich durfte auch außer einem familiären Plauderstündchen nach dem Abendessen nicht ständig um die Eltern sein, so daß ich mich recht früh daran gewöhnte, meine Zeit allein mit Lesen zu verbringen.

Saburō war ein Mann, für den Kinder offenbar nur Anhängsel von Frauen waren, weshalb man sie in Kauf nehmen mußte, und es hätte ihm vollauf genügt, wenn ihm nur die Mutter dieser Kinder zu Verfügung gestanden hätte. Zumindest empfand ich dies in meiner Kindheit so. Mit dem Vater sprachen wir nur auf Ausflügen, und das Gespräch drehte sich nur um Pflanzen oder Tiere; alles, was Vater sonst noch sagte, erfuhren wir nur indirekt, indem Mutter es uns weitererzählte.

Vater war der Ansicht, wenn er zu Hause sei, sollte seine Frau nichts tun als bei ihm zu sitzen und Tee aufzugießen oder den Worten ihres Ehemanns nickend zuzustimmen. Er mochte es nicht, seine Frau arbeiten zu sehen, und fand, sie solle die Hausarbeit machen, wenn er nicht zu Hause sei.

Meine Eltern waren nicht unbedingt sehr vernünftig, und wenn sie aus einer momentanen Laune heraus emotional aneinandergerieten, so ließen sie ihrer Wut ohne Rücksicht auf die Kinder freien Lauf. Sie bemühten sich nicht sonderlich, die Kinder in ihre Gespräche miteinzubeziehen, und mir scheint, sie legten auch nicht viel Wert darauf, mit den Kindern zu spielen. Statt dessen schienen sie darauf zu warten, daß ihre so anstrengenden Kinder sich so schnell wie möglich aufs eigene Zimmer zurückziehen würden.

Kinder waren demnach für Erwachsene störend, und vor allem bei meinem Vater mutmaßte ich, wenn seine Kinder und seine Frau gleichzeitig in Gefahr gerieten, würde er ohne Zögern seine Frau retten. Die biologische Tatsache, daß das, was Kinder von ihrem Vater übernehmen, nur indirekt, durch die Mutter vermittelt wird, habe ich somit am eigenen Leib erfahren.

Natürlich hatten sie manchmal ein schlechtes Gewissen. Und dann versuchten sie eilig, sich um die Kinder zu kümmern, und teilten ihnen den eigenen Kummer mit, was bei den Kindern wiederum Mitleid gegenüber den Eltern erzeugte. Auf diese Weise wird den Kindern in der Familie höchst natürlich beigebracht, wie das Ego in der menschlichen Gesellschaft funktioniert.

Im Jahr 1937, als ich auf die Volksschule kam, begann der japanisch-chinesische Krieg, und so wuchs ich im Krieg auf.

Für die Kinder war der Krieg nicht ein Ausnahmezustand, sondern das Alltägliche.

Die Kinder spielten Krieg, wie sie Mutter und Kind spielten. Die Zeitungen waren voll von Kriegsberichten und Kriegsliteratur, und in den Kinos spielte man Kriegsfilme. Es ging um ruhmreiche Siege und Helden und rührselige Soldatenschicksale.

Im Laufe der Jahre schwanden allmählich die leuchtenden Farben aus dem Straßenbild, und die Musik nahm zunehmend militärischen Charakter an. Später gab es eine Zeit, in der unter Männern im fortgeschrittenen Lebensalter die Militärlieder als nostalgische Objekte inmitten einer Wohlstandsgesellschaft sehr beliebt waren, denn für sie, die damals ihre Jugend verlebten, schwangen in dieser unvergeßlichen Musik komplizierte, mit Trauer verwobene Klänge mit. Zu Anfang vermochten diese Melodien noch die Tapferkeit zu beflügeln, doch je mehr der Krieg sich dem Ende näherte, um so melancholischer und düsterer wurde die Musik.

Populär waren vor allem die Schnulzen, die eine Romanze zwischen japanischen Landsern und Mädchen aus jenen Regionen wie Südostasien und China besangen, die Japan besetzt hatte.

Die japanischen Frauen dagegen, selbst ganz junge Mädchen, weit davon entfernt, in diesen süßlichen Klängen zu schwelgen, stellten sich statt dessen mit sehr gemischten Gefühlen vor, was sich wohl zur gleichen Zeit auf fremdem Boden abspielen würde.

Wenige Jahre später, als fremde Soldaten auf japanischem Boden stationiert waren, kehrte sich das Bild um: Nun waren es japanische Mädchen, die Hand in Hand mit einem G. I. das Straßenbild beherrschten.

Wo ich dies schreibe, erinnere ich mich auch wieder an die vielen japanischen Frauen, denen ich vor zwanzig Jahren in Amerika begegnet bin und die man Kriegsbräute nannte. Ich erinnere mich noch genau an jede einzelne von ihnen, aber auch daran, mit welchem Blick sie von den amerikanischen Frauen bedacht wurden.

Wann war es wohl, daß in Japan Slogans wie »Auf

Dauerwellen verzichten« oder »Bedürfnislos bis zum Sieg« in Umlauf kamen? Als Japan sich in den Pazifischen Krieg stürzte und Importwaren aus unserem Alltag verschwanden, da verlor sich auch die westliche Literatur. Gleiches geschah mit Musik und Kunst, und die tagtäglich gebrauchten, schon längst assimilierten Fremdwörter wurden nun ins Japanische übersetzt.

Der Briefkasten, zuvor »Post« genannt, bekam einen japanischen Namen ebenso wie die Gamaschen oder die Fachausdrücke im Baseballspiel, ja selbst Kleidungsstücke machten keine Ausnahme, obgleich mir entfallen ist, was damals aus dem Wort »Krawatte« wurde, doch Krawatten wurden allmählich immer seltener gesichtet.

In dieser Zeit lebte ich nicht in der Realität, sondern viel eher in Märchen und Mythen. Grimmsche Märchen waren schon in den ersten Schuljahren meine Lieblingslektüre. Danach verzauberten mich griechische Mythen und die Welt von Tausendundeiner Nacht.

Anders als mit diesen Geschichten konnte ich mit japanischen Märchen – warum eigentlich? – wenig anfangen. Das mochte zum einen vielleicht daran liegen, daß ich in meiner Kindheit mit japanischen Sagen und Märchen von hoher literarischer Qualität nicht in Berührung kam. Andererseits erlebte ich es aber auch später noch oft, daß man japanische Volkssagen mutwillig beschnitt und aus vermeintlich didaktischen Gründen verhunzte, und durch dieses unglückliche Schicksal hat diese Literatur nicht nur mich, sondern auch viele andere als Leser verloren.

Ich wechselte jedenfalls von der Welt der Märchen direkt in die Welt der Erwachsenenliteratur über, ohne mich dazwischen mit der sogenannten Mädchenliteratur abzugeben, was vielleicht doch auch mit der besonderen Situation der damaligen Zeit zu tun hat. Denn die Kinderbücher, die uns in der Schule empfohlen wurden, waren absolut uninteressant. Kinder haben keinen Zugang zur Macht, sie staunen den nackten Kaiser mit offenem Mund an und wenden sich ab.

So begann ich mitten in dem langen Krieg, ob zu meinem Glück oder Unglück, Vergnügen darin zu finden, mir eine Welt vorzustellen, die es in Wirklichkeit natürlich überhaupt nicht gab. Das Lämmchen auf dem Felde schlüpft auf der Suche nach Gräsern, die andere übriggelassen haben, in eine enge Höhle, in die die Großen nicht hineingelangen können.

Es war, als ich etwa in der fünften Volksschulklasse war, da schrieb ich mir eines Tages während des Unterrichts Geschichten in ein Heft, und als der Lehrer mich aufrief, nahm ich ihn überhaupt nicht wahr; also wurde mir das Heft abgenommen, und ich mußte zur Strafe neben dem Harmonium stehen.

Für den Rest der Stunde schaute ich auf die Tastatur des Instruments und dachte mir unterdessen den weiteren Verlauf meiner Geschichte aus, und so kam ich für mich zu dem Schluß, daß eine solche Strafe eigentlich so schlimm nun auch wieder nicht ist.

Seither war mir der Lehrer aber irgendwie freundlicher gesinnt, und ab und zu ließ er mich vom Pult aus Märchen erzählen.

Ich griff dabei auf die Geschichten aus meinem bisherigen Lektüreschatz zurück, die mir besonders gut gefallen hatten, und schmückte sie mit eigenen Zutaten aus; so lernte ich das Vergnügen kennen, Geschichten zu erfinden.

Was seinerzeit in Japan publiziert wurde, ließe sich leicht herausfinden, doch ich erinnere mich an nichts. Meine Eltern hatten damals schon aufgehört, neue Bücher zu kaufen. Vielleicht lag es daran, daß sie mit den schon schulpflichtigen Kindern kein Geld für Bücher mehr erübrigen konnten, vielleicht aber auch daran, daß es keine interessanten Bücher mehr gab.

Bei uns zu Hause standen nur Bücher aus der Vorkriegszeit. Zumeist waren es autobiographische Romane und Erzählungen der Naturalisten wie »Ein Brief an meine frühere Frau« oder »Schwarzes Haar« von Chikamatsu Shūkō, »Schimmel«, »Entflammt« oder »Die Wilde« von Tokuda Shūsei oder »Im Speicherhaus« oder »Welt der Qual« von Uno Kōji.

Als ich noch zur Volksschule ging, erinnerte ich mich merkwürdigerweise sehr genau an die Titel, doch erst Jahre später nahm ich die Bücher zur Hand.

Inmitten der Luftangriffe und dem Dröhnen der Militärlieder, mit denen die Soldaten ins Feld geschickt wurden, las ich diese Werke und kam darin seltsam hautnah mit der Welt der Erwachsenen in Berührung. Die suggestive Kraft dieser Literatur schätzte ich sehr.

Daß ich als frischgebackene Oberschülerin solche Werke las, hatte weniger mit meinem Interesse an dieser Literatur zu tun als vielmehr mit meiner Neugier darauf, all das nachzuvollziehen, was meine Mutter gelesen hatte. Was dachte sie eigentlich? War sie wirklich so, wie sie sich vor ihren Kindern zeigte?

Zwar wußte ich noch wenig von der Welt, wie sie in dieser Literatur beschrieben wurde, aber sie unterschied sich jedenfalls sehr eindeutig von dem Alltag meiner Eltern, wie ich ihn wahrnahm.

Die Autoren Shūsei und Shūkō gehörten beide eher zur Generation ihrer Eltern, das heißt, meiner Großeltern, lediglich Kōji entsprach in etwa der Generation meines Vaters. Da meine Mutter dreizehn Jahre jünger war als er, hat sie vermutlich über diese Lektüre die Welt ihrer Eltern, aber auch das Innenleben ihres so viel älteren Mannes kennenzulernen versucht, ähnlich, wie ich nun im Begriff bin, mir über vieles Klarheit zu verschaffen.

Die Schriftsteller Shūsei und Shūkō erinnerten mich in der Tat an meinen Großvater, wie ich ihn selbst erlebt hatte. Shōsaku mit seinen ständigen außerehelichen Frauenaffären und den dauernden Reibereien mit der Verwandtschaft, wie er mit egozentrischen Argumenten und Eigenlob herumfuchtelte und dennoch in seiner Umgebung eine Art liberaler Atmosphäre verbreitete, schien in diesen Werken sehr handfest präsent zu sein.

Wirklich merkwürdig kam mir dabei vor, daß meine Mutter mit dieser literarischen Welt etwas anfangen konnte, obgleich sie doch an dem kleinbürgerlichen Stolz teilhatte, der die Umgebung meiner Eltern bestimmte und der meinem Empfinden nach ein wurzelloses Imitat darstellte.

Mein Vater las diese Literatur so gut wie gar nicht. Es mochte sein, daß er vielleicht anlas, was gerade herumlag, doch meiner Mutter gegenüber, die voller Hingebung ihrer Lektüre nachging, wartete er immer mit seiner Standardphrase von der Schundliteratur auf, denn seiner Ansicht nach mußte, was sich Literatur nennen wollte, mindestens so prächtig daherkommen wie Tolstoj oder Hugo.

Er hatte in seinem ganzen Leben, wie bereits erwähnt, nur Hugos »Les Misérables« und Tolstojs »Auferstehung« bis zum Ende durchgelesen, und von der japanischen Literatur kannte er nur, was im Lesebuch der Mittelschule stand. Da er nicht gewohnt war, Literatur zu lesen, las er sie wie ein wissenschaftliches Buch, Wort für Wort und Satz für Satz, und so hatte er sich mit den wenigen Werken, die er durchgearbeitet hatte, völlig identifiziert.

Gute Literatur war seiner Ansicht nach äußerst selten, und das Wort »Literat« hatte für ihn keinen angenehmen Klang, denn es erinnerte ihn an seinen Schwiegervater, den gescheiterten Möchtegern-Literaten, und er war überzeugt, die meisten Werke seien gefährlich und unglaubwürdig.

Damals, während des Krieges, enthielt die Bibliothek eines Provinzlyzeums, wohl auf Anordnung von amtlicher Stelle, bis auf japanische Klassik kaum Werke der Literatur.

Diesem Umstand jedoch verdanke ich die Gelegenheit zur Bekanntschaft mit der höfischen Literatur. Nun gab es damals noch keine modernen Übersetzungen, daher blieb mir nichts anderes übrig, als mich stockend, unter Zuhilfenahme der Anmerkungen, voranzutasten und alles, was ich nicht verstand, zu überspringen, aber über diese Leseweise aus meinen jungen Jahren teilte sich mir der Klang und Atem des klassischen Japanisch nicht über den Kopf, sondern geradezu körperlich mit.

Ich fühlte mich wie die Verfasserin des »Sarashina-Tagebuchs«* oder ich stellte mir vor, ich sei die arme Stieftochter in der »Erzählung vom Fräulein im Verlies«**. Bald würde der Prinz kommen und mich retten und die Bösewichte bestrafen, die mich quälten. Ich war zwar weder eine Stieftochter noch besonders unzufrieden mit meinen Eltern, doch ich hatte stets das Gefühl, eine überflüssige Person zu sein, die man in ein Verlies abschiebt.

Als Gegenreaktion auf diese selbstquälerischen Vorstellungen hegte ich auch einen starken Groll, und so faszinierten mich weibliche Gestalten wie die Dame Rokujō aus der »Geschichte vom Prinzen Genji«, und ich träumte davon, mich in ein Ungeheuer zu verwandeln und die Menschen, die ich nicht mochte, durch einen bösen Zauber zu töten.

Nach meinem damaligen Verständnis der »Geschichte vom Prinzen Genji« waren beide Frauen, Genjis Geliebte Yūgao wie auch seine Ehefrau Aoi, die durch den rachsüchtigen Geist der eigenwilligen Rokujō ums Leben kamen, unsensible, eingebildete Personen.

Unter den Schülerinnen in jenem Provinzlyzeum war ich die einzige, die neben dem Arbeitsdienst an der Nähmaschine alte Bücher las, und folglich standen mir in der kümmerlich ausgestatteten Bibliothek sämtliche Bücher allein zur Verfügung. Da es sonst keine Benutzer gab, war auch kaum eine Bibliotheksaufsicht da, und so konnte ich nach Herzenslust in den Regalen stöbern.

Natürlich konnte ich in meinem damaligen Alter die vielfältigen literarischen Qualitäten eines Werks wie »Die Geschichte vom Prinzen Genji« noch nicht würdigen. Doch es war höchst grotesk, daß die Behörden in ihrem nervösen Chauvinismus meinten, die geistige Gesundheit der Jugend dadurch schützen zu müssen, daß sie sie von ausländischer Literatur und liberalem, vermeintlich gefährlichem Gedankengut fernhielten.

Für einen jungen Menschen, der Tag und Nacht den Kriegsbränden ausgesetzt war, zeichnete sich die unheimliche Vitalität des menschlichen Lebens viel deutlicher in der nihilistisch-romantischen Dekadenz der höfischen Literatur ab, als in den künstlich konstruierten patriotischen Geschichten.

Wir, die wir unter dem Slogan »Sich opfern, dem Staate dienen« gefordert waren, zum Schutze des Territoriums das eigene Leben aufs Spiel zu setzen, hatten Vorfahren, die ihr Ego sehr halsstarrig zu behaupten wußten. Wenn ich nur an die frische Schärfe jener Dichterin denke, die, in zwölf schwere Kimono-Lagen gewandet, freimütig über »Unerfreuliches und Unangenehmes« schreibt: »Ein Gast, der lange Reden hält, wenn man's eilig hat«*, und mir dann die Gestalt des alten Mannes vorstelle, der sich lächelnd in aller Seelenruhe die Hände am Holzkohlenbecken wärmt, während die Dichterin ihm ungeduldig zusieht, möchte ich mich am liebsten betrübt zurückziehen.

BIN ICH EIN FISCH?

Langsam verblaßt unsere Erinnerung an den Krieg. Ein Fisch, der an die Angel ging, sich mit Mühe und Not vom Angelhaken befreien und entkommen konnte, beißt angeblich schon nach wenigen Minuten an demselben Köder wieder an.

Doch ich will zeigen, daß Menschen anders sind als Fische, und bemühe mich mit aller Kraft, nicht zu vergessen.

Im Sommer, als der Krieg zuende ging, war ich vierzehn. Alle wichtigen Städte in Japan waren nach und nach mit Bomben überzogen und in Schutt und Asche gelegt worden, und ganz Japan hungerte.

Mein Vater Saburō, der an der Medizinischen Hochschule der Marine in Tōkyō tätig war, hatte einen Ruf als hervorragender Diagnostiker, doch in der Endphase des Kriegs wurde er als Direktor an ein bedeutungsloses Marinehospital mitten auf dem Lande in der Präfektur Hiroshima versetzt.

Als die Kamikaze-Einsätze bekannt wurden, sagte meine Mutter: »Ach, jetzt sind diese Leute ... jetzt sind wir verrückt geworden. Verrückte brauchen Verrückte. Kommt, wir gehen auf die Straße und schreien.« Mein armer Vater, der Arzt im Range eines Konteradmirals, hatte alle Mühe, meine Mutter zu beruhigen. Statt medizinischer Fachliteratur kaufte er Lehrbücher der Landwirtschaft, um seine Untergebenen im Ackerbau zu unterweisen, und er begann, die Verwendung von getrocknetem Moos als Watteersatz zu erforschen.

Mit meinen vierzehn Jahren vermochte ich im Moos nichts Rettendes zu entdecken, und ich konnte mir einfach keine Zukunft vorstellen. Alles, was in der Welt geschah, war wie ein nie endender Sturm, ein Gefühl, wie wenn man einer Reisähre zusieht, wie sie langsam austrocknet, weil im ausgedörrten Feld kein Tropfen Regen fällt.

Selbst wenn ich nicht bei einem Luftangriff umkommen sollte, war ich mir in meinem jungen Gemüt doch sicher, daß ich, wenn der Feind in Japan landen würde, als von klein auf unsportlich wie ich war und als die Langsamste in meiner Klasse, die einen Graben, den jeder überspringen konnte, nicht schaffte und keinen einzigen Klimmzug zustandebrachte, keine Chance zur Flucht hätte, sondern als erste sterben mußte oder zum Heldentod gezwungen würde.

Die Erinnerung an damals, als mir mit dem Hunger diese Todesangst körperlich wie seelisch aufgezwungen wurde, prägte mein Verhältnis zur Literatur auf eine sehr grundlegende Weise.

Woran erinnere ich mich in der Jahreszeit, wenn der Weizen reift und über dem golden wogenden Kornfeld die Lerche tiriliert? Es sind die glitzernden Flügel der B 29-Bombergeschwader, die im Formationsflug darüber hinwegdonnerten und Bomben aus ihrem Rumpf regnen ließen. Im Frühsommer des letzten Kriegsjahres lag ich jeden Tag im Weizenfeld, las in den Taschenbüchern von Iwanami mit der roten Bauchbinde und schaute zu, wie sie in der Ferne ihre Bomben abwarfen.

Für die im Arbeitsdienst eingesetzten Schülerinnen gab

es keinen Luftschutzbunker, in den sie sich bei Luftalarm hätten flüchten können. Die B 29-Geschwader flogen über uns hinweg und bombardierten den Marinehafen Kure und Hiroshima in nur zwanzig Kilometern Entfernung. Der Bombenhagel, wie er sich aus dem Rumpf der Flugzeuge ergoß, beschwor eine sonderbare Szenerie zwischen Diesseits und Jenseits herauf. Ich versuchte mir das Inferno, das sich soeben abspielte, vorzustellen, während ich Kornähren in den Fingern zerzupfte. Irgendwann würden die Bomben auch auf mich niedergehen, ich konnte es nicht verhindern und genausowenig fliehen, mir blieb nichts übrig, als abzuwarten, doch alles, was lebt, muß einmal sterben, dachte ich und schloß die Augen.

Dennoch mußten die Schülerinnen, als gehörte es zu ihren täglichen Pflichten, in die Kornfelder fliehen. Es gab keinen Beweis dafür, daß es in den Kornfeldern sicherer sei, doch so lautete der amtliche Befehl. Befehl war Befehl. Doch zumindest konnten wir die Arbeit ein, zwei Stunden am Tag unterbrechen und uns hinlegen. Für mich war diese Zeit sehr kostbar, und ich nutzte sie zum Lesen, so wie man eine Bahnfahrt zum Lesen nutzen würde. Mit dem sicheren Tod vor Augen! Wie merkwürdig sich Menschen doch verhalten.

Diese Erinnerungen an damals bewahrte ich mir über meine Jugend bis auf den heutigen Tag und rief sie mir immer wieder bewußt ins Gedächtnis, um mir zu sagen: Ich bin kein Fisch, ich bin ein Mensch.

Es gibt die Redensart: Was vorbei ist, spüle man mit dem Wasser fort, doch wenn das Bett zu tief gegraben wird, ändert der Strom seine Richtung. Ich bin eigentlich erst spät zur Schriftstellerin geworden, und ich wundere mich selbst, wie lange ich mich damit begnügt habe, für mich allein in einer Welt überlieferter Literatur zu leben. Weshalb bekam ich nicht genug davon? Weil ich mich über die Zeit retten konnte, indem ich vom Innenleben der Menschen zehrte.

Wenn es die Zeit kurz vor und nach dem Kriegsende nicht gegeben hätte, so hätten wir wahrscheinlich nicht erfahren, was Hungern heißt. Selbst meine Mutter Mutsuko entschloß sich damals, Gemüse anzubauen; wenn sie bei der Gartenarbeit eine Raupe entdeckte, schrie sie auf, und beim Grasmähen schnitt sie sich in die Hand.

Am sogenannten blutigen 1. Mai im Jahre 1952 – ich war damals eine ganz und gar unpolitische Studentin – ließ ich mich vom Weltverbesserungsdrang einer Freundin mitreißen und ging aus Neugier in einer Art Jahrmarktsstimmung mit zum Platz vor dem Kaiserpalast, der nun Platz des Volkes hieß. Doch dann flogen plötzlich Steine, Autos wurden angezündet, und ich floh entsetzt.

Außer Atem erreichte ich das Studentenwohnheim und verkroch mich im Bett, da stürzte eine von den radikalen Studentinnen in mein Zimmer und flehte mich an, ihr Propagandamaterial zu verstecken. Ich fühlte mich ihr verpflichtet, denn sie hatte mir stets bei den Englisch-Hausaufgaben geholfen, und ihr hatte ich es zu verdanken, daß ich nicht sitzenblieb, also versteckte ich ihre Papiere unter meinem Bett.

Vielleicht erinnerte ich mich in dieser Situation an den Krieg, und im Lichte dieser Erinnerung kam mir alles halb so dramatisch vor. Beim Arbeitsdienst geriet mir damals eines Tages die Hand in die Nähmaschine, und die Nadel brach in meinem Finger ab, worauf mich der patriotische Aufsichtsbeamte eine Volksfeindin schalt, weil ich kostbares Kriegsmaterial vergeudet hätte. Die Nadel sei nämlich aus Stahl, und das sei kriegswichtiges Material. Diese Geschichte fiel mir plötzlich ein, und ich überlegte, wie viele Nähmaschinennadeln wohl nötig wären, um eine von den amerikanischen Bomben herzustellen, die damals über uns abgeworfen wurden, und darüber schlief ich ein und tröstete mich im Traum mit dem Gedanken: »Es kann schon mal vorkommen, daß eine Nadel im Finger abbricht.«

Mein Vater Saburō zog sich nach dem Krieg aufs flache Land zurück, und um die Familie zu ernähren, eröffnete er eine Praxis als praktischer Arzt; er hatte die höchste Patientenzahl in der gesamten Region, aber irgendwie wurde er nie reich.

Er war der einzige Arzt in der ganzen Umgebung, der Patienten mit Sozialhilfe nicht abwies, und er besaß eine riesige Kartei mit nicht abgerechneten Behandlungen, was ihm Mutsuko ständig zum Vorwurf machte.

Unter seinen Patienten gab es solche, die angaben, eine Schamanin hätte sie zu ihm geschickt, und andere sollen ihn wie einen Heiligen verehrt haben, doch Mutsuko schalt ihn oft hysterisch einen Egoisten.

Als Saburō von einem Patienten aus einem Fischerdorf statt der Bezahlung zehn frische Heringe bekam, meinte er gerührt: »Das Scherflein der Armen«, und ließ sich die Fische mit saurer Miso-Paste zubereiten.

Gleichzeitig aber war er versessen auf alles Neue und kratzte alles Geld zusammen, um als erster im Dorf ein Auto und ein Fernsehgerät zu kaufen. Den Sohn eines Patienten, den er mochte, schickte er zur Fahrschule, ließ ihn den Führerschein machen und stellte ihn als Fahrer ein.

Da nun die Leute aus der Nachbarschaft jeden Abend zum Fernsehen ins Haus kamen, bekam Mutsuko hohen Blutdruck, und so stellten die Hausmädchen den Besen mit dem Stiel nach unten, um die Gäste zum Gehen zu veranlassen, doch der Zauber wollte einfach nicht funktionieren.

Bis auf den heutigen Tag kann ich Autos und Fernsehen nichts abgewinnen, und ich vermute, daß das mit den Erinnerungen an damals zu tun hat. Ich ärgere mich, daß meine Schwester immer wieder fordert, wir sollten unser zehn Jahre altes Gerät mit dem unscharfen Bild gegen ein neues eintauschen. Ich fand es unerträglich, daß wir damals wegen der noch seltenen Güter Auto und Fernsehgerät viel reicher wirkten, als wir es waren.

Die Krankenschwester, die meinen Vater damals auf seinen Hausbesuchen begleitete, betrat nur widerwillig die Häuser der Patienten, die eher einem Stall glichen und säuerlich rochen. Nur ihm zuliebe, weil sie wie alle seine Angestellten seine Menschlichkeit schätzte, machte sie, wenn auch widerstrebend, mit und akzeptierte sein exzentrisches Benehmen.

Im Alter beschäftigte er sich nur noch mit Pflanzen und Tieren, und wir hatten ständig Hunde und Katzen im Haus, aber nicht etwa Rassetiere, sondern eher solche mit Macken oder Tiere, die furchtbar viel fraßen.

Mutsuko freute sich zwar über den Garten voller Blumen, aber sie fürchtete sich vor der großen Krähe, die im Haus umherflog und überall Kotspuren hinterließ, und schließlich untersagte sie es ihm, wilde Vögel im Haus zu halten, worauf er heimlich an einer Ecke des Speicherhauses im Garten kleine Vögel aufzog.

Eines Tages erzählte ein junges Mädchen, das bei uns

im Haushalt mithalf, Mutsuko von den geheimgehaltenen Vögeln, worauf er sie einen Verräter und Spion schalt und lange Zeit nicht mehr mit ihr sprach, so daß das Mädchen es sich sehr zu Herzen nahm und immer wieder sagte: »Der Doktor hat mich einen Spion genannt.«

Den jungen Fahrer ärgerte es, daß die Herrschaft sich ständig wegen der Vögel in den Haaren lag, und so schlug er vor, die Vögel weit weg in die Berge zu bringen und sie dort auszusetzen, was dann auch geschah. Doch es gab unter den Vögeln immer einige, die den Weg wieder heimfanden, ganz gleich, wie weit man sie auch verfrachtet hatte. Nach einer solchen Aktion sah mein Vater tagelang unruhig zum Himmel auf, und wenn sich dann einer seiner früheren Schützlinge zeigte, versuchte er, die Stimmung seiner Frau zu ergründen in der Hoffnung, daß sie diesmal vielleicht nachgeben würde.

Jahre später, als ich zum erstenmal das Haus meines zukünftigen Mannes besuchte, sah ich ein Huhn, das schon Jahre keine Eier mehr gelegt hatte und nicht etwa im Hühnerstall, sondern auf dem Tritt der Nähmaschine thronte, und es berührte mich sehr zu sehen, wie selbstverständlich man hier mit einem Tier im Hause umging.

TANZE, SCHNECK, TANZ

Sag' an, sind sie etwa geboren, um zu spielen?
Oder geboren, um zu scherzen?
Kaum hör' ich Kinder dort beim Spiel
Bewegt mein Körper sich in ihrem Takte mit.

Tanze, Schneck, tanz
Denn wenn du nicht tanzen willst
Tritt dich das Kälbchen und tritt dich das Fohlen
Zertreten dich ganz.
Drum tanze, und tanz einen lieblichen Tanz,
So lad' ich dich in den Blütenhain ein.

Als wir nach dem langen Krieg aus der Fabrik, in die wir zum Arbeitsdienst eingezogen worden waren, in unser Klassenzimmer zurückkehrten, las unsere junge Japanischlehrerin diese zwei Gedichte aus dem *Ryōjin hishō** in singendem Tonfall vor.

Ich war damals den Tränen nah. Ob die Zeit gekommen war, wo man lieblich tanzen und sich im Blütenhain vergnügen durfte? Es war meine Rührung darüber, daß man offenbar solche Gedichte im Klassenzimmer wieder laut lesen durfte. Seit ich zurückdenken konnte, hatte es eine solche Welt für mich nur in Büchern gegeben. Aber es war keine Täuschung, es waren keine Traumgeschichten, sagte ich mir und umarmte mein mir wie neugeschenktes Leben.

Mehr als dreißig Jahre später, als ich für die Zeitschrift *Gunzō* an der Erzählung »Reise durch den Nebel« schrieb, besuchte ich mit Herrn Tsuji Akira vom Verlag Kōdansha eine tief verschneite Kleinstadt in der Präfektur Niigata namens Ojiya. Als ich ihr erzählte, daß ich Ojiya besuchen würde, machte mich meine langjährige Freundin Nobuko darauf aufmerksam, daß unsere damalige Japanischlehrerin in eine dortige Priesterfamilie eingeheiratet habe. Ich besuchte also meine alte Lehrerin dort, und sie, die ihren eigenen Ehemann mit »Hochwürden« anredete, diese Lehrerin sagte, nachdem sie mein Gesicht lange forschend angesehen hatte:

»Du bist also Schriftstellerin geworden.

Aber wie ähnlich du deiner Mutter siehst! Genauso wie deine Mutter damals!«

Meine Mutter, die von mir, die ich als Frau geboren wurde, nicht wünschte, daß ich einen Beruf ausübte, war im Alter von zweiundsechzig verstorben, als ich siebenunddreißig war.

Im Jahr zuvor hatte ich für mein erstes veröffentlichtes Werk den Nachwuchsförderpreis der Zeitschrift *Gunzō* und den renommierten Akutagawa-Preis erhalten und damit einen Platz als Schriftstellerin errungen.

Während meines fast zehnjährigen Lebens im Ausland schrieb ich eines Tages eine Erzählung mit dem Titel »Drei Krebse«, und weiß Gott, weshalb, ich kam auf die Idee, das Manuskript nach Japan, an die literarische Monatszeitschrift *Gunzō* zu schicken. Mit dieser Zeitschrift stopfte meine Mutter zu Hause, wenn sie mir ein Paket schickte, mitunter die Lücken aus, und sie war das einzige Mittel, um etwas über den Stand der Literatur in Japan zu erfahren. Ich überflog die darin abgedruckten Werke, um jener Worte habhaft zu werden, die mich über die Weite des Ozeans hinweg unmittelbar ansprachen. Wenn ich in jenen fast bedeutungslos scheinenden Zeilen plötzlich Worte von einer merkwürdigen Kraft aufblitzen sah, so kamen sie mir, die ich schon so lange in der Fremde weilte, wie Gedichte vor, die zu mir herübergeworfen worden waren. Da ich so ganz ohne Bezug zur literarischen Welt Japans lebte, war ich ahnungslos, welcher Autor bekannt oder welcher gut sei, und interessierte mich folglich auch nicht dafür. Wenn ich also ein Werk las, so überging ich meist den Namen des Autors, aber es kam durchaus vor, daß ich, ohne ihn gesehen zu haben, doch wußte, wenn mehrere Werke von ein und derselben Person verfaßt worden waren. Für jemanden ohne eigennütziges Interesse jedenfalls zählt der Schreiber nur in dem Maße, in dem das Werk selbst überzeugt.

Während ich also jene japanischen Texte, die mir vorkamen, als seien sie für mich herübergeworfen worden, auszugsweise las, verspürte ich Lust, die Worte in meinem Innern, die ich viele Jahre lang stumm vor mich hingemurmelt hatte, gleichsam wie ein Antwortgedicht meinem Heimatland zu retournieren.

Ich hatte mein Manuskript gegen Ende des Sommers oder im Frühherbst eingeschickt, aber weder kannte ich jemanden in der Redaktion noch hatte ich eine Ahnung, wie solche Dinge im allgemeinen in Japan gehandhabt werden, daher wußte ich nicht einmal, ob ein solches Werk überhaupt eine Gelegenheit erhielte, von der Redaktion wahrgenommen zu werden. Und so hatte ich die Sache bald schon so gut wie vergessen.

Es war im Frühling des darauffolgenden Jahres – die Sache war, wie gesagt, so gut wie vergessen –, als ich erfuhr, daß mein Werk in der literarischen Welt Japans außergewöhnliches Aufsehen erregt hatte, was mich, offen gestanden, ziemlich verwirrte und benommen machte.

So lange Zeit war ich, seit meiner Kindheit im Krieg durch all die Jahre nach dem Krieg hinweg, gewöhnt gewesen, abseits vom gesellschaftlichen Leben, und vom Interesse der Mehrzahl unberührt, mich ganz allein für mich zu vergnügen. Diese problematische Angewohnheit wurzelt, wenn ich recht sehe, wohl in jenen Erfahrungen aus dem langen Krieg, die in meiner Kindheitserinnerung die feste Vorstellung verankerten, daß das, worum es der Allgemeinheit ging, für mich unangenehm sein würde.

Aus diesem Grunde war ich damals sozusagen ein Mensch ohne gesunden Menschenverstand, der weder die literarische Welt Japans kannte noch etwas mit Literaturpreisen anzufangen wußte.

Die vielen Aufträge der berühmten Verlage, die plötzlich auf mich einstürmten, schüchterten mich ein, und um meinen Kopf zu kühlen, verließ ich Japan wieder fluchtartig, schlug alle Gelegenheiten, die sich mir boten, in den Wind, und kehrte ans andere Ende der Welt, nach Alaska, zurück.

Um ehrlich zu sein, hatte ich die Rolle eines »Menschen auf der Höhe der Zeit«, in die ich nun hineinkatapultiert worden war, schon immer insgeheim recht trostlos gefunden, und als es nun mich betraf, fand ich es entsetzlich peinlich. Ich hätte es nicht ertragen, mich dort wohlig aufzuhalten.

In den folgenden knapp zwei Jahren ordnete ich still für mich im regenreichen Wald von Alaska all meine Manuskripte, die sich angesammelt hatten. Meine Tochter, die in der hintersten Provinz aufgewachsen war, hatte das Oberschulalter erreicht, und vor allem um ihrer Schulbildung willen entschloß ich mich, zwei Jahre nach meinem literarischen Debut endlich nach Japan zurückzukehren, doch im Jahr zuvor war meine Mutter gestorben.

Obgleich sie sich einst so heftig gegen einen Beruf für mich ausgesprochen hatte, freute sich meine Mutter schließlich doch, als ich die Preise bekam. Und als ich nach der Preisverleihung so sang- und klanglos wieder ans Ende der Welt zurückreiste, verabschiedete sie mich traurig.

Anschließend war ich in Gedanken so sehr mit den Werken beschäftigt, die ich als nächstes zu veröffentlichen gedachte, daß mein regelmäßiger Briefwechsel mit meiner Mutter abrupt ins Stocken kam.

Seit dem Krieg, von meiner Lyzeumszeit bis zum Abschluß der Universität, hatte ich meistens im Wohnheim auf dem Campus gewohnt und lebte daher nur während der Ferien, wenn ich zu Hause war, mit Eltern und Geschwistern zusammen. Bald nach meinem Studienabschluß heiratete ich und zog ins Ausland, und so schrieb ich fast zwanzig Jahre lang häufig Briefe an meine Mutter, die sie mit ebensolcher regelmäßiger Sorgfalt beantwortete.

Ihre Briefe habe ich in mehreren Kartons gesammelt, und sie allein böten Stoff für mehrere Werke. Doch mit der Preisverleihung wurde der Briefwechsel immer seltener, und im darauffolgenden Frühling ging Mutter von uns.

Als meine Mutter starb, hatte ich das Gefühl, ich hätte sie getötet, um selber weiterzuleben. Es kommt mir wirklich so vor, als hätte ich seither mit meiner Literatur von dem gezehrt, was meine Mutter in ihrem über sechzigjährigen Leben angesammelt hatte.

Ich war nicht fleißig, ich mochte es nur, wie der Schneck gemächlich tanzend umherzugehen. Es war mir wichtiger gewesen, mich mit lebendigen Menschen im wirklichen Leben auszutauschen, als mich mit Leib und Seele einem sogenannten Beruf zu verschreiben. Und auch hier hatte ich das Gefühl, als verdanke ich diese Einstellung meiner Mutter.

Weil ich mich nicht so früh dem Getriebe aussetzte, gelingt es mir, so glaube ich, nun, Werke aus meinem Leben heraus auf natürliche Weise zu schaffen.

Als ich auf die Nachricht von der Erkrankung meiner Mutter hin nach Japan zurückeilte, war sie wegen einer Thrombose schon nicht mehr bei Bewußtsein, und ich kauerte mit meinem angefangenen Manuskript an ihrem Bett. Kaltblütige Egoistin, die ich war, dachte ich eher an das eigene Werk als daran, meine Mutter zu versorgen. Wenn ich daran zurückdenke, möchte ich aus Verzweiflung über mich mein Gesicht verhüllen.

Damals schrieb ich an einem Werk mit dem Titel »Schiffsbohrwurm« über eine Made, die sich in ein Holzloch eingräbt und sich ihr ganzes Leben lang weiter durchs Holz bohrt, ohne jemals jemandem zu begegnen.

»Aber wie ähnlich du deiner Mutter siehst! Genauso wie deine Mutter damals!« –

Als meine alte Lehrerin dies zu mir sagte, fiel mir ein weiteres Gedicht aus dem *Ryōjin hishō* ein, das ich durch ihren Unterricht lieben gelernt hatte.

Mein Kind, es mag nun mehr als zehn Lenze zählen
Und soll, so höre ich, als Schamanin durch die Lande ziehen
Am Strand der Bucht von Tago sei sie, sagt man mir,
Wie viele Fischer werden dort zusammenströmen
Und sie für ihr Orakel hänseln?
Du armes Ding!

Der Text klang nämlich, als spräche meine Mutter von mir.

Wenn eine Frau etwas wie Literatur zu ihrem Lebensunterhalt macht, so muß man ihr Leben wohl als schamaninnenhaft bezeichnen.

In den Schmelzwasser führenden Stromschnellen des Shinano-Flusses, der von der Anhöhe von Ojiya aus zu sehen war, schien die Gestalt meiner verstorbenen Mutter auf und verschwand wieder, wie sie um ihrer Tochter willen zusammenzuckte, die all das murmelnd ausspricht, das niemand sonst zu sagen braucht, und die dafür gehänselt wird.

Wenn ich noch einmal zurückblicke, so scheint mir, daß ich seit meiner Kindheit kaum ein Vergnügen außer der Literatur fand, und so war es gewiß ein ganz natürlicher Weg, daß ich Schriftstellerin wurde.

Auch wenn ein Krebs geradeaus gehen will, geht er doch unwillkürlich seitwärts, sobald er sich in Bewegung setzt. Ein Leben als Schriftsteller ist etwas, das man nicht etwa durch bewußte Anstrengung erreicht, sondern etwas Schicksalhaftes, zu dem es keine Alternative gibt, und eh man sich's versieht, ist man dazu geworden.

Ich erinnere mich nicht, je einen Versuch unternommen zu haben, Schriftstellerin zu werden, aber wie sehr ich auch gescholten und kritisiert wurde, schrieb ich doch, selbst als ich ohne jegliche literarischen Freundschaften im Ausland lebte, unermüdlich für mich weiter.

Nicht, daß ich hätte publizieren können, ich dachte kaum ernsthaft darüber nach, wie man sich eine Möglichkeit zu publizieren überhaupt verschafft. Während meines Studiums nahm ich mehrmals an einem Nachwuchswettbewerb teil, aber ich gelangte nicht einmal in die Vorauswahl. Bestimmt waren es wertlose Texte, und ich bin froh, daß sie nicht erhalten sind. Ich war nicht sonderlich verärgert, daß ich ignoriert wurde, doch ich war arrogant genug, dadurch mein Selbstvertrauen nicht zu verlieren.

Seit ich zum erstenmal mit zwölf oder dreizehn etwas verfaßte, das nach Literatur aussah, bis zur Drucklegung meines ersten Werks sind sage und schreibe mehr als zwanzig Jahre vergangen, in denen ich still und leise vor mich hinschrieb.

Es ist wie beim Singen, wenn man ohne jedes Publikum und ohne dazu aufgefordert worden zu sein beim Wäschehängen etwas vor sich hinsummt – etwas, das einem ganz spontan und selbstverständlich in den Sinn kommt.

Wie könnte man sonst so lange solche unsinnigen Dinge immer weiter betreiben? So aber schreibe ich bis heute, indem ich seit meiner ersten Gelegenheit zu publizieren die angesammelten Manuskripte umschreibe, und daraus ergibt sich wieder neuer Stoff.

Mein Vater lebte nach dem Tode meiner Mutter noch acht Jahre und starb schließlich im Alter von dreiundachtzig Jahren. Obgleich ich damals schon wieder in Japan lebte, habe ich mich als Tochter nicht unbedingt vorbildlich um ihn gekümmert. Solange meine Mutter noch lebte, schrieb er mir kaum, doch nach ihrem Tod erhielt ich häufig Post von ihm. Ich las seine Briefe gedankenlos durch und besuchte den einsamen alten Mann auch nicht oft.

Da er bei der Familie meines jüngeren Bruders lebte, wollte ich meiner Schwägerin mit meinem Besuch keine Umstände bereiten – so lautete meine bequeme Ausrede. In Wirklichkeit aber war ich mit meinen eigenen Dingen beschäftigt.

Mein Vater starb bald, nachdem ich mit der »Reise durch den Nebel« begonnen hatte, doch als die erste Folge in *Gunzō* erschien, bekam ich von ihm einen Brief, der sein letzter werden sollte.

»Das Gefühl, zu sehen und wieder nicht zu sehen, als ginge man im Nebel, kann ich gut nachvollziehen.
Ich wünsche Dir, daß Du Deinen Weg weitergehen kannst.
Nun neigt sich der Herbst dem Ende zu, der Wind bläst kalt.
Die Herbstblätter fallen, es ist, als ob alles dem Ende zuginge, und man fühlt sich grenzenlos einsam.
In letzter Zeit fühle ich mich leer. Alles, was ich sehe, kommt mir so luftig und leer vor. Die Tage vergehen in einem traumgleichen Zustand, losgelöst von jeglichem Zeitgefühl.
Doch auch in dieser Jahreszeit ist es, wenn man in der Sonne sitzt, noch angenehm warm. Das Grün der Blumentöpfe vor dem Fenster tut mir gut, und wenn ich

sehe, wie meine kleinen Enkel aufwachsen, wird mir friedlich ums Herz.
Ich bin ein glücklicher Mensch, eine solch einfühlsame, liebende Tochter wie Dich zu haben.
Ich schicke Dir ein Paket mit Melonen aus dieser Gegend.
Paß' gut auf Dich auf.

Dein Vater«

Als das halbe Dutzend Melonen eintraf, lebte mein Vater nicht mehr. Zur gleichen Zeit traf ein Geschenk von ihm zur Volljährigkeitsfeier meiner Tochter am 15. Januar ein – weshalb hatte er es nur schon vor Jahresende abgeschickt? War es eine Vorahnung? Nach dem Abendessen hatte er sich im Sofa zurückgelehnt und auf meinen Bruder, der ihn ansprach, merkwürdig reagiert; da irgendetwas nicht stimmte, wurde er gleich ins Krankenhaus gebracht, wo er innerhalb eines Tages verschied. Als ich dort eintraf, war er nicht mehr in der Lage zu sprechen, sondern klagte nur noch fortwährend über Schmerzen. Nach einer Weile schien er eingeschlafen zu sein, daher kehrte ich fürs erste nach Tōkyō zurück, doch danach beruhigte sich sein Zustand wohl ein wenig, und er sagte zu meiner Schwester, die an seinem Bett saß: »Ich habe euch alle, alle lieb.« Was meinte er damit? Mir kamen diese Worte meines sterbenden Vaters, des Mannes, der so heftige Sympathien und Antipathien hegte und Menschen mied, vor wie der verschlungene Faden seiner langen inneren Konflikte. Er starb am 17. Dezember, doch im neuen Jahr erreichte mich eine handgeschriebene Grußkarte von ihm. Er hatte zuvor alle Neujahrsgrüße gesammelt bei der Post aufgegeben, und so sprachen mich auch einige andere später darauf an.

Von wegen einfühlsame, liebende Tochter! Er kannte mich, die ich ihn, den vor Schmerzen klagenden, sterbenden Vater, nur weil er kurz eingeschlafen war, einfach verlassen hatte, aber er wollte sich wenigstens seinen Traum erhalten, und seine Worte »Alles ist gut«, meiner Schwester zugemurmelt, waren vielleicht auch Worte der Vergebung für mich. Zugleich aber schien er damit auch für all seine Verfehlungen in seinem armen Leben um Vergebung zu bitten.

Als ich seinen letzten Brief las, wandte ich mein Gesicht ab und weinte über den Tod meines Vaters, der meine Werke, die in seinen Augen nichts als »Schundliteratur« waren, offenbar doch gelesen hatte. Nie hatte ich mit ihm über meine Werke gesprochen oder von ihrer Veröffentlichung erzählt.

Weinend korrigierte ich die Druckfahnen meiner Hiroshima-Erzählung »Urashima-Kraut«.

Anmerkungen

SEITE

7 *obiage*, ein längliches Tuch aus weichem Stoff, meist Seide, das zur Fixierung durch den kunstvoll auf dem Rücken gebundenen Knoten des Obi, der breiten Kimono-Gürtelschärpe, nach vorn geführt wird und, teilweise über dem Obi sichtbar, Farbakzente setzt.

18 »Berghütten-Anthologie«, berühmte Sammlung von Gedichten des Wandermönchs Saigyō (1118-1190), dessen Lyrik, vor allem die Jahreszeitengedichte, schon zu seinen Lebzeiten bis auf den heutigen Tag in Japan besonders hoch geschätzt wird.

21 1 *to* entspricht 18 Liter, 10 *to* sind 1 *koku*.

45 Takahashi Takako, geboren 1932. Studierte französische Literatur an der Universität Kyōto. Heiratete 1954 Takahashi Kazumi, der in den 60er Jahren als theoretisch und gesellschaftskritisch orientierter Autor mit profunder Kenntnis der chinesischen Literatur zu den führenden geistigen Köpfen der Zeit zählte. Sein Krebstod 1971 im Alter von 39 Jahren erschütterte die Nation. Takahashi Takako, die seit den 60er Jahren schreibt und mit wichtigen Literaturpreisen ausgezeichnet wurde, konvertierte 1975 zum Katholizismus und trat in Paris in ein Kloster ein.

45 Geboren 1899, war Kawabata, der seine schriftstellerische Karriere in den zwanziger Jahren als Modernist begonnen hatte, viele Jahrzehnte lang bis zu seinem geheimnisvollen Freitod 1972 ein hochangesehener und einflußreicher Autor, der 1968 mit dem Literaturnobelpreis ausgezeichnet wurde.

49 Der Ausspruch wird Itagaki Taisuke (1837-1919), einem der Führer der Restaurationsbewegung wie auch der Bewegung für Freiheit und Volksrechte, zugeschrieben, nachdem ein Attentatsversuch auf ihn verübt worden war.

59 Futabatei Shimei, 1864-1909. Ursprünglich politisch ambitio-

niert, brachte ihn seine Beschäftigung mit dem Russischen und den Autoren Turgenjew, Gogol, u. a. zur Literatur. »Ziehende Wolken« gilt als erster moderner japanischer Roman.

60 Nogi Maresuke (1849-1912) befehligte die japanische Armee im japanisch-russischen Krieg (1904-5). Beim Begräbnis von Kaiser Meiji beging er mit seiner Frau Shizuko rituelle Selbstentleibung.

102 Eine Zusammenziehung aus dem englischen *modern girl*.

117 *Sarashina nikki*, Lebenserinnerungen, die etwa den Zeitraum von 1020 bis ca. 1059 abdecken, verfaßt von einer Tochter des Höflings Sugawara Takasue. Ihr persönlicher Name ist nicht bekannt. Sie wurde 1008 geboren. Das Werk ist eines der berühmtesten Beispiele der sogenannten Tagebuchliteratur der Heian-Zeit (9.-12. Jh.).

117 *Ochikubo monogatari*, gilt als ältester japanischer Roman, entstanden Ende des 10. Jhs. Eine Stiefkindgeschichte mit realistischen Zügen und von sozialgeschichtlichem Wert. Das »Verlies« (*kubo*) aus diesem Titel ist identisch mit der »Höhle« (*kubo*) in der Überschrift dieses Kapitels.

119 Die Dichterin ist die Hofdame Sei Shōnagon (ca. 966- ca. 1017), und das Zitat stammt aus ihrem berühmten »Kopfkissenbuch« (*Makura no sōshi*).

127 »Geheime Abschrift von schönen Liedern«, Sammlung altjapanischer Volkspoesie, zusammengestellt von Exkaiser Goshirakawa in der 2. Hälfte des 12. Jahrhunderts.

NACHWORT

»Vielleicht ist der Mensch ein Wesen, das nicht einmal sich selbst versteht«, lesen wir in Ōba Minakos *Träume fischen*, ihrem ersten ins Deutsche übersetzten Roman. Doch gerade um das Verstehen scheint es im vorliegenden Werk zu gehen, um eine Annäherung an die eigene Geschichte auf dem Wege über die Erkundung der Lebensschicksale jener Menschen, in deren Mitte Ōba Minako aufwuchs und deren Lebensentwürfe, geheime Träume und Enttäuschungen auch ihr eigenes Leben mitbestimmten.

Die Perspektive dieser Erkundung ergibt sich aus dem Gegenstand, denn nur den kleineren Teil der Entwicklungen und Ereignisse in der Geschichte ihrer Familie seit dem späten 19. Jahrhundert hat die 1930 geborene Autorin selbst miterlebt. Also ist sie auf Berichte und Erzählungen, auf Briefe und vereinzelte Dokumente aus ihrer Familie und deren Umkreis angewiesen, und sie entwickelt ihre Darstellung sehr bewußt aus den Schilderungen anderer heraus. Ihre Haltung unterscheidet sich grundlegend von der eines allwissenden Erzählers – sie tastet sich fragend über die eigene Erinnerung, die Geschichten und Kommentare der anderen und die behutsame Rekonstruktion »objektiver« Gegebenheiten an die Personen und das Geschehen heran. Folglich begegnen wir so häufig den Wahrheitsanspruch einschränkenden, Distanz behauptenden Wendungen wie »es heißt«, »man sagt«, »offenbar«, »man erzählt sich« oder »anscheinend«, »wie ich hörte«. Gewißheit wird nur selten vermittelt. Vielmehr bleiben viele Fragen offen, auch solche, die die Erzählerin selbst stellt. Was dachten die Großeltern wirklich über den Krieg? Was war der Grund für Großvater Shōsakus Scheitern in der Beamtenlaufbahn? Weitere Fragen drängen sich uns auf: Weshalb wünschte sich Takiko eigentlich, daß ihr Mann nach ihrem Tod ihre jüngere Schwester heiratete? Was empfand Ōbas Vater, der Militäroberarzt, im Krieg? – Vieles bleibt im Dunkeln. Wir können es nicht wissen, mehr noch, das »Große, Finstere«, von dem in einem Kapitel die Rede ist, entzieht sich jedem Versuch, es auszusprechen.

Das tastende, fragende Vorgehen bewirkt, daß einzelne Figuren oder Ereignisse wiederholt aufgegriffen und beleuchtet werden. Wiederholungen ergeben sich aber auch aus der besonderen Publikationsform dieses Werks. *Tanze, Schneck, tanz* wurde über einen Zeitraum von drei Jahren, von Januar 1982 bis November 1984, in einzelnen Folgen von unterschiedlicher Länge, die mit den Kapiteln des vorliegenden Buchs identisch sind, in einer Zeitschrift publiziert und anschließend erst als Buch herausgebracht. Diese Publikationsform ist in Japan sehr verbreitet, ja man kann sagen, daß Romane oder längere Erzählwerke, die nicht zuvor stückweise in Zeitschriften veröffentlicht wurden, eher die Ausnahme darstellen, was übrigens noch dadurch bestätigt wird, daß die heutzutage für unseren Kulturkreis übliche Publikationsweise *en bloc* beim Erscheinen eines japanischen Romans in jenen, wie gesagt, ungleich selteneren Fällen hervorhebend vermerkt wird. Fortsetzungswerke wie das vorliegende sind also die Regel.

Natürlich wäre es möglich, den Text vor Erscheinen der Buchausgabe noch einmal zu überarbeiten, doch dies geschieht nicht oft. Japanische Autoren wie Leser stoßen sich offenbar nicht an Wiederholungen und Überschneidungen, sondern sie erkennen darin die ursprüngliche Organisationsform des Textes wieder, der zuvor in Form von einzelnen, relativ selbständigen Erzähleinheiten vorlag. Auch die als Romane bezeichneten längeren Erzählwerke des Nobelpreisträgers Kawabata Yasunari sind übrigens durchweg so entstanden. Kawabata weigerte sich sogar, Unstimmigkeiten im *plot* und im Zeitgerüst in den einzelnen Teilen, den »Kapiteln« seiner Werke für die Buchform auszuräumen, obgleich er bisweilen von Lesern darauf hingewiesen wurde. Immerhin scheint das japanische Publikum Redundanzen, ja selbst innere Widersprüche in der Handlungsführung an einem realistisch konzipierten Werk nicht als Negativum zu verbuchen, was darauf hindeutet, daß andere Seiten des Textes im Mittelpunkt der Aufmerksamkeit stehen.

Doch was macht nun den Reiz dieses Werks aus? Da ist zum einen die Leichtigkeit, mit der die Autorin als Ich-Erzählerin ihres Textes verschiedene Erzählgenres miteinander verflicht und unmerklich zwischen Autobiographie oder Memoirenstil, Familienchronik und einer japanischen Form des Essays hin und hergeleitet und bei aller scheinbaren Beiläufigkeit dennoch das Erzählganze stets im Blick behält. Hinzu kommt, daß sie mit dieser assoziativen Erzählweise ihrem Stoff über ihren zutiefst persönlichen Zugriff allgemeine Seiten abgewinnt, so daß wir zugleich fast so etwas wie eine in wesentlichen Zügen skizzierte Sozial- und Kulturgeschichte des modernen Japan vor Augen haben.

Gewiß, die Ereignisse der »großen« Geschichte bleiben im Hintergrund, sie nehmen allenfalls ansatzweise Konturen an, wenn hier und da ein historisches Geschehen, etwa revolutionäre Unruhen in den Provinzen im Zusammenhang mit der Meiji-Restauration oder Figuren der Geschichte wie die Gründer berühmter Bildungsinstitutionen, Politiker oder ein kaiserlicher Prinz den Lebensweg von Ōbas Familie streifen. Viel unmittelbarer und elementarer aber teilt sich uns der geschichtliche Wandel aus dem alltäglichen Leben der Figuren mit. Von der Generation der Großväter und Großmütter an atmet ihr Leben die politische und soziale Umbruchsituation, die alle Bereiche des Lebens erfaßt. – Die bittere Armut und absolute Abhängigkeit der Pachtbauern auf dem Lande, das soziale Hierarchiegefälle und der Kontrast von Stadt und Land werden ebenso nachvollziehbar wie die Rivalität der Provinzen und das unterschiedliche Prestige von Dialekten. Wir erfahren etwas über die Optionen, die Karrieremöglichkeiten der Gründergeneration im Regierungsbeamtentum in der Hauptstadt, was allerdings die Zugehörigkeit zur richtigen politischen Clique voraussetzt, oder als Unternehmer in der Provinz mit den aufregenden Aussichten, in den Auslandshandel einzusteigen.

Die Formen des Scheiterns sind vielfältiger als der Erfolg, doch auch im Leben der Frauen macht sich, wenn auch mit gewissem Verzug, sozialer Wandel bemerkbar. Wir erfahren von »neuen Frauen« bereits in der Großmüttergeneration, und Shōsaku, der sich erfolgreich weigert, die ihm von der Familie ausgesuchte Ehefrau anzunehmen, entscheidet sich später in Tōkyō für den noch seltenen Typus einer »parkettsicheren« Frau, was ihn jedoch nicht davon abhält, nach traditioneller Manier weiterhin in seiner Umgebung den generösen Frauenheld zu spielen und seine Familie dadurch in ernste finanzielle Schwierigkeiten zu bringen. Sein Karriereknick und sein Scheitern in gesellschaftlicher Hinsicht hängen, wie die Erzählerin mehrfach vermerkt, ursächlich damit zusammen, daß er seine Ehefrau als Partnerin nicht ernst nahm. Offenbar vermochte er darin nicht über seinen vormodern-patriarchalischen Schatten zu springen.

Ōbas Mutter, die eigensinnige Mutsuko, verkörpert als kapriziöses *modern girl*, eine Art *femme fatale* der zwanziger und frühen dreißiger Jahre in Tōkyō, den Zeitgeist auf ihre Weise.

Was jedoch an all den weiblichen wie auch den männlichen Figuren am meisten fesselt, ist ihre ausgeprägte Individualität, mit der sie den ihnen gesetzten Rahmen, die mehr oder weniger eng definierten Rollen sehr unterschiedlich ausfüllen. Ob sie sich, wie Großmutter Kisa, aus der Position der moralischen Überlegenheit heraus betont weiblich-unterwürfig geben oder zu Temperamentsausbrüchen neigen wie Mitsu, die ältere Schwester von Ōbas Vater Saburō, die »hysterisch«, aber auch »hysterisch lieb« erscheint, ob sie, wie die schönen Schwestern von Ōbas Mutter, auch verheiratet noch ständig wetteifern, wer die schönste sei; ob sie, wie Großvater Chūji, sich für Jahre davonschleichen und als Hafenarbeiter dem Traum von einem freieren Leben in Amerika leben oder ob sie im Alter ihren Protest nur noch durch Schweigsamkeit artikulieren – sie werden in unserer Phantasie lebendig mit all ihren Hoffnungen und ihren menschlichen Schwächen. Doch mehr noch, wir erleben eine erstaunliche Bandbreite an Ausdrucksformen und

Möglichkeiten der Beziehung zwischen Männern und Frauen, Eltern und Kindern, wie wir sie kaum erwartet hätten, würden wir uns nur an den schematisierten Darstellungen zur japanischen Geschichte und Gesellschaft orientieren. Wir erfahren Familiengeschichte als fragiles Gebäude aus Ambition und Beharren, aus Emotion und Konvention, wurzelnd in Lokalität und sozialem Wandel. Und am Ende der Lektüre stellt sich das Gefühl ein, einer Reihe von überaus charakteristischen, lebendigen Personen begegnet zu sein.

Ōbas ungewöhnlicher Erzählstil, ihre Schnitt- und Überblendungstechnik, ihr häufiger Perspektivenwechsel und das Assoziative, das gleichsam die Erinnerung im wirklichen Leben nachbildet, rührt auch von jener japanischen Essaygattung her, die in den Text eingebettet ist.

Zuihitsu heißt dieses seit dem 10. Jahrhundert bis auf den heutigen Tag in Japan sehr beliebte Genre, zu deutsch »freier Pinsel« oder »dem Pinsel folgen«, womit der lokkere, unbefangene Charakter dieser Stegreifnotizen umschrieben ist, die man am besten als Miszellen bezeichnet. Das früheste Denkmal dieser Gattung, das berühmte *Kopfkissenbuch* der Hofdame Sei Shōnagon von der Wende vom 10. zum 11. Jahrhundert, besteht aus Aufzählungen, Gedanken, Erinnerungen, Notizen, Skizzen, Anekdoten und Biographischem, und es ist sicher kein Zufall, daß Ōba in ihrem Text auch auf dieses klassische Werk anspielt. Auch sie nutzt die gestalterische Freiheit des Genres, das aus der emotionalen Bewegung oder einer kontemplativen Grundhaltung heraus scheinbar absichtslos von einem Thema zum anderen gleitet, Erinnerung und Erzählgegenwart zusammenführt und auf den ersten Blick ungewöhnliche Assoziationsketten bildet, die oftmals von einzelnen Gegenständen ihren Ausgang nehmen. Welche metaphorische, metonymische oder symbolische Bedeutung den Rüben, der Rodin-Statue des »Mannes mit der zerbrochenen Nase« oder dem Raunen der Berge zukommt, erschließt sich dem Leser im Nachvollzug der mäandernden Gedanken- und Gefühlsbewegung des Texts, seiner vielfach gebrochenen und durch literarische Anspielungen angereicherten Erinnerungsarbeit.

Für die deutsche Fassung wurde das Werk auf Vorschlag der Autorin und im Einvernehmen mit ihr um etwa ein Drittel gekürzt. Es entfielen auf diese Weise jene Kapitel und Passagen, in denen der Miszellen-Charakter besonders stark ausgeprägt ist und die nicht unmittelbar mit der Geschichte der eigenen Familie in Verbindung stehen. So ist zum Beispiel ein frühes Kapitel des Werks dem existentialistischen Autor der Nachkriegszeit Sakaguchi Ango gewidmet, und ein anderes kreist um Lokalsagen des Tsukuba-Bergs aus der Heimat ihres Vaters. In all diesen eher essayistischen Teilen baut der Text auf eine breite Verständnis- und Wissensbasis, die die Autorin mit ihren japanischen Lesern verbindet. Nichtjapanischen Lesern dagegen müßte dieses Vorwissen, müßten diese Assoziationswerte und nostalgischen Signale zuerst erläutert werden, bevor sie sie nachvollziehen könnten. Autorin wie Übersetzerin sind jedoch überzeugt, daß die Essenz des Werks in der Konzentration auf die Familienchronik, gefiltert durch die »Tanzschneckbewegungen« der Ich-Erzählerin, aufgehoben ist.

Im übrigen bleibt die Charakteristik dieser Erzählweise auch angesichts der Kürzungen gewahrt, denn auch wenn die Autorin ihrem japanischen Publikum manche

Hintergrundinformation zur Geschichte der Nation bereitstellt, setzt sie anderes Wissen, etwa die Kenntnis ihrer eigenen Biographie, stillschweigend voraus. Möglich wird dies aufgrund ihrer Prominenz als einer der bekanntesten Schriftstellerinnen der Gegenwart, vor allem aber aufgrund des großen Interesses an der Biographie, welches ein japanisches Publikum traditionellerweise seinen Autoren entgegenbringt. Liefern wir daher die wichtigsten Daten an dieser Stelle nach, auf die zum Teil im Werk selbst angespielt wird:

Am 11. November 1930 als Tochter eines in der kaiserlichen Marine tätigen Militärarztes und seiner Frau Mutsuko in Tōkyō geboren, ist Ōba Minakos Kindheit von häufigen Ortswechseln gekennzeichnet. In der Endphase des Kriegs lebt die Familie in der Nähe von Hiroshima, wo der Vater seinen Dienst versieht. Nach der Atombombenkatastrophe wird Minako mit ihrer Klasse zu Hilfsdiensten in das Grauen von Hiroshima abkommandiert, eine Phase in ihrem Leben, die sie im vorliegenden Werk jedoch überspringt. In Erzählwerken wie dem zweimal erwähnten *Urashima-Kraut* von 1978 befaßt sie sich in fiktionalisierter Form mit dem Geschehen.

Nach Kriegsende zieht die Familie nach Niigata in die Heimatstadt der Mutter. Wegen ihres aufmüpfigen Betragens muß Minako aber auch hier noch die Schule wechseln. Mit 19 Jahren schreibt sie sich zum Studium der englischen Literatur an der privaten Tsuda-Frauenhochschule in Tōkyō ein und lernt im gleichen Jahr Ōba Toshio, ihren zukünftigen Ehemann, kennen. Im Alter von 23 Jahren wird sie Lehrerin, gibt jedoch aus gesundheitlichen Gründen die Stelle nach etwa einem Jahr wieder auf. 1955 heiratet sie, ein Jahr später wird die Tochter

Yū geboren. Die Versetzung ihres Mannes nach Sitka in Alaska im Jahre 1959 bietet ihr die Gelegenheit zu extensiven Reisen und zu Studien an den Universitäten von Wisconsin und Seattle. Von Alaska aus schickt sie auch jenes in der nahezu völligen Isolation von der literarischen Welt Japans entstandene Werk, die Erzählung *Drei Krabben*, als Wettbewerbsbeitrag in die Heimat, mit dem sie 1968 den renommierten Akutagawa-Preis gewinnt. Seither hat sie in geradezu atemberaubender Produktivität, die sie selbst auf das immer noch nicht abgearbeitete »Polster« an literarischen Skizzen und Entwürfen aus ihrer Zeit in Alaska zurückführt, in ununterbrochener Folge Erzählungen, Romane, Essays, Theaterstücke, Reiseberichte und Drehbücher verfaßt, die mit den bedeutendsten Preisen des Landes ausgezeichnet wurden.

Seit 1970 lebt sie wieder in Japan. Häufige Reisen führen sie in alle Teile Japans wie auch auf alle Kontinente. Neben ihrer Kollegin Kōno Taeko ist sie seit 1987 die erste Frau in der Jury des Akutagawa-Preises, jener wohl öffentlichkeitswirksamsten Auszeichnung ihres Landes, zumal der Literatur dort nach wie vor ein wichtiger Stellenwert zukommt. Sie ist Vizepräsidentin des japanischen PEN-Zentrums und Sprecherin des Verbandes japanischer Schriftstellerinnen, und ihr wurde überraschend früh die Ehre einer Aufnahme in die japanische Akademie der Künste zuteil. 1991 erschien eine zehnbändige Gesamtausgabe ihres Werks im Verlag Kōdansha, die mittlerweile schon durch weitere Bände zu ergänzen wäre.

Tanze, Schneck, tanz ist eines ihrer weniger bekannten, aber von ihr selbst wie auch von Schriftstellerkollegen, etwa der erwähnten Kōno Taeko, besonders geschätzten Werke. Kōno zählt es zu ihren Lieblingsbüchern aus Ōbas breitem Œuvre. Die besondere Intimität des Gegenstands und die Freimütigkeit, mit der Ōba auch die Schwächen der ihr sehr nahestehenden Personen preisgibt, verleihen dem Werk einen sehr besonderen Charakter. Es ist eine komplizierte Mischung aus Betroffenheit und Distanzierung, es sind Scham, liebevolle Zuwendung und das Bekenntnis der Zugehörigkeit, in denen wir der menschlichen Qualität dieser Literatur begegnen und in der jede kulturelle Fremdheit schwindet.

In stärker fiktionalisierter Form hat Ōba die Geschichte ihrer Familie übrigens noch einmal zum Thema eines Werks gemacht. Der 1993 erschienene, übrigens auch zuvor in einer Zeitschrift in einzelnen Folgen veröffentlichte Roman *Zweihundert Jahre (Nihyakunen)* entwirft die Chronik über sechs Generationen bis ins einundzwanzigste Jahrhundert, die Zeit, wenn Ōbas Enkelin erwachsen wird.

Wiederholt betont die Autorin, daß sie als Schriftstellerin aus der Geschichte und den Geschichten der sie umgebenden Personen lebt, die sie als Medium in Literatur verwandelt. Und so dürfen wir annehmen, daß dieses Buch alles zugleich ist – eine Hommage an die eigene Familie und die kulturellen Wurzeln, eine Skizze zur Geschichte des modernen Japan aus denkbar intimstem Blickwinkel und die Bestandsaufnahme einer berühmten japanischen Autorin, die sich über ihren eigenen Werdegang literarisch Rechenschaft ablegt.

Irmela Hijiya-Kirschnereit